AF565080

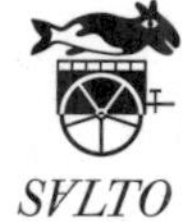

Alan Bennett verbringt seit seinem ersten Schulausflug in den vierziger Jahren viel Zeit in Museen. Völlig unvoreingenommen und ohne falsche Scheu lässt er seine Gedanken bei der Bildbetrachtung frei schweifen und hat dabei manchen überraschenden Geistesblitz. Nicht einmal Autoritäten wie Hockney, Michelangelo, Rembrandt, Tizian oder Vermeer entgehen seiner exzentrischen und ziemlich persönlichen Bilderstürmerei.

Seine Lieblingsgemälde würde er gerne unterm Regenmantel verschwinden lassen, andere sucht er nach den Geschichten ab, die sich in den Bildern verstecken. Nebenbei verrät Bennett Anekdoten und Ernsthaftigkeiten aus seinem eigenen bewegten Leben in London, Leeds und anderswo. Sie werden die Welt der Museen fortan anders betreten, beschwingter in jedem Fall.

Alan Bennett
GEHT INS MUSEUM

Aus dem Englischen
von Ingo Herzke

Verlag Klaus Wagenbach Berlin

INHALT

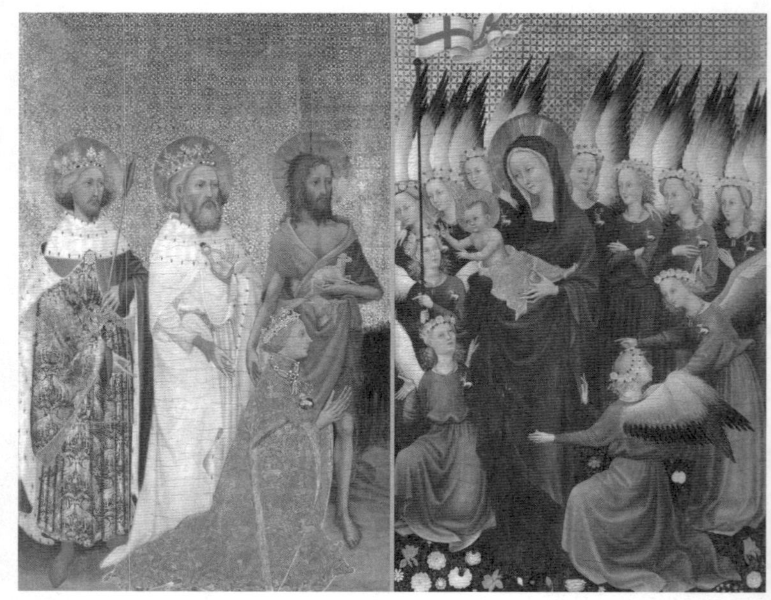

Anonym: Wilton-Diptychon (1395–1399)

BILDER GUCKEN GEHEN

1993 wurde ich in den Stiftungsrat der National Gallery berufen – zu einer Zeit, als der freie Eintritt in die öffentlichen Museen und Kunstsammlungen noch kontrovers debattiert wurde, was heute, so hoffe ich, nicht mehr der Fall ist. In meiner Zeit im Stiftungsrat hielt ich zwei Vorträge: Bilder gucken gehen *über meine Erfahrungen mit Gemälden und Galerien im Allgemeinen und* Die Qual der Wahl *zur Vorstellung des von Sainsbury's finanzierten Programms* Gemälde in die Schulen, *für das ich vier Bilder aus beliebigen öffentlichen Museen Großbritanniens aussuchen musste.*

Die National Gallery muss ich zum ersten Mal Anfang 1957 betreten haben, weil ich mir das *Wilton-Diptychon* ansehen wollte – die beiden von einem unbekannten Künstler Ende des 14. Jahrhunderts gemalten Altartafeln, entstanden im Auftrag von Richard II., der auf der linken Tafel kniet und von drei Heiligen umgeben ist: Edmund, König und Märtyrer, Edward dem Bekenner und Johannes dem Täufer, die ihm gemeinsam als Paten vor der Heiligen Jungfrau beistehen, deren Engelschar als Zeichen der himmlischen Solidarität und Ermutigung das Emblem Richards II., den weißen Hirsch, als Abzeichen am Gewand trägt.

Das Diptychon war wohl ein tragbares Altarbild und im Jahr 1957 das einzige Gemälde der National Gallery, von dem ich irgendetwas wusste. Das lag nicht daran, dass ich besonders viel Ahnung von Kunstgeschichte hatte oder mich für diese Fachrichtung interessierte, die damals noch eine eher abgelegene akademische Region war – und zumindest unter den Oxforder Studenten vor allem von unangepassten Ästheten und Jungen von der Stowe School angesteuert wurde. Ich kannte das *Wilton-Diptychon*, weil ich kurz vor dem Abschluss meines Geschichtsstudiums stand und Richard II. mein Schwerpunktthema war. Als ich im Verlauf des Jahres das Examen ablegte, blieb ich an der Universität und forschte weiter zu Richard II.

Die Recherchen endeten im Nichts, und doch kehren bei Gelegenheiten wie dieser, wenn ich einen Vortrag halten soll, die demütigenden Erinnerungen daran wieder zurück. Das Vortragspult ist für den Dramatiker keine natürliche Umgebung, weil er es gewohnt ist, die Verantwortung für seine Worte auf seine Figuren zu verteilen, sodass die Zuschauer nie ganz sicher sind, ob er meint, was er sagt, oder ob er meint, was sie sagen. Ich habe nur eine einzige Vorlesung über Richard II. gehalten, nämlich vor einer historischen Gesellschaft in Oxford, und das Publikum war eine Mischung aus Professoren und jüngeren Studenten. Am Ende meines nicht ganz so aufregenden Referats fragte ich, ob es Fragen gebe. Es folgte endloses Schweigen, bis sich schließlich ein schüchterner Student aus den hinteren Reihen meldete.

»Könnten Sie mir verraten, wo Sie Ihre Schuhe gekauft haben?«

Kurz darauf verabschiedete ich mich von der Geschichte und ging zum Theater.

Überblendung nach Boston, wo ich einige Jahre später auf Tournee mit der Revue *Beyond the Fringe* Station machte. An einem freien Nachmittag besuchte ich Fenway Court, das Museum und frühere Domizil der Bostoner Erbin Isabella Stewart Gardner, deren berühmtes Porträt John Singer Sargent gemalt hat. Das Haus ist mehr oder weniger so erhalten, wie es zu Mrs Gardners Lebzeiten aussah, und ich erinnere es als ziemlich heruntergekommen. Vielleicht sieht es inzwischen anders aus – zuletzt war ich 1975 dort –, aber ich hoffe nicht, denn es ist von der Sorte Museum, das selbst ins Museum gehört, weil es so deutlich seiner eigenen Zeit angehört.

Ein großer Teil ihrer Kunstsammlung wurde für Mrs Gardner von einem Exil-Amerikaner – Exil-Bostoner, um genau zu sein – zusammengestellt und angekauft, dem Kunsthistoriker und Connaisseur Bernard Berenson. Mrs Gardner war bereits 1924 verstorben, doch 1962, als ich mir das Museum anschaute, war Berenson höchstselbst noch nicht lange tot, und regelmäßig erschienen Biografien über ihn sowie seine Tage- und Notizbücher. Ich fing also an, mich sehr für Berenson zu interessieren. Im Rückblick hätte ich das lieber bleiben lassen sollen, denn einige meiner Hemmungen und Ängste, die mit der Kunst zu tun haben und um die es in weiten Teilen dieses Vortrags geht, haben ihren Ursprung in dieser Zeit.

Später baute Berenson zwar eine umfangreiche Fotografiesammlung auf, doch mit seinen Studien und Verzeichnissen italienischer Malerei begann er vor der Zeit, als fotografische Reproduktionen allgemein verfügbar waren. Das bestimmte in gewissem Ausmaß seine Vorgehensweise, obwohl ich vermute, dass Berensons Methode mit oder ohne Fotografien die gleiche gewesen wäre. Sie bestand ganz einfach darin, zu gucken, zu gucken und zu gucken, und er stand stundenlang vor einem Gemälde, bis er sich jede Einzelheit eingeprägt hatte.

An einem gewissen Punkt dieser Gegenüberstellung geriet Berenson in eine Art Verzückung, wie sie die meisten Menschen, möchte ich meinen, eher erleben, wenn sie Musik hören. In diesem Zusammenhang ist es kein Zufall, dass Berenson, als er in jungen Jahren von Harvard nach Oxford kam, seinen Mentor in Walter Pater fand, dessen wohl berühmteste Maxime lautet: »*Alle Kunst* trachtet fortwährend nach dem Zustande der Musik.«

Ich muss zugeben, dass ich, wenn ich vor einem Gemälde stehe, niemals Verzückung oder überhaupt irgendeine körperliche Regung empfunden habe, abgesehen vielleicht von schmerzenden Beinen oder, um Nathaniel Hawthorne zu zitieren, »jenem eisigen Dämon der Erschöpfung, der große Kunstmuseen heimsucht«. Doch es kommt vor: Gemälde wirken auf Menschen. Nehmen wir zum Beispiel George Eliot, 1858:

> *Ich saß in der Dresdner Gemäldegalerie auf einem Sofa dem Bild gegenüber (es war Raffaels* Sixtinische Madonna*), und eine Art Ehrfurcht, als ob ich mich plötzlich in Gegenwart eines wunderbaren Wesens befände, ließ mir das Herz so anschwellen, dass es kaum auszuhalten war, und wir eilten aus dem Raum.*

Nun, mir ist es nicht so ergangen, und nachdem ich das über Berenson gelesen hatte, schloss ich daraus, dass mir etwas fehlte – selbst wenn es nur die Geduld oder die Ausdauer waren, um lange genug stehen zu bleiben und zu gucken. Obwohl ich später entdeckte, dass ich mit meiner Gefühllosigkeit in guter Gesellschaft war – Berensons Schwager Bertrand Russell beklagte zum Beispiel, dass ihm Gemälde auch nie den Magen umdrehten –, hatte ich weiterhin das Gefühl, bei einer Art Empfindsamkeitstest durchzufallen. Und jedes Mal, wenn ich ein Museum verließ, war ich unweigerlich unzufrieden mit mir.

Es erinnerte mich an das Gefühl, das ich früher stets hatte, wenn ich aus der Kirche kam. Als Junge war ich sehr religiös gewesen, und meine Unfähigkeit, auf Gemälde gefühlsmäßig zu reagieren, entsprach meiner Unfähigkeit, auf Gott zu reagieren: Man sollte ihn lieben, doch ich wusste nicht, was das bedeutete. Die Geschichte mit Gott war damals zum Glück längst vorbei, aber nun ging die ganze Sache von vorne los, nur eben diesmal mit der Kunst.

Die Berenson-Lektüre weckte auch soziale Ängste. Mit zunehmendem Alter hielt der Weise immer häufiger Hof in seiner florentinischen Villa »I Tatti«, wo er nicht nur von Freunden aus der Kunstwelt besucht wurde, sondern von jedem, der etwas galt und gerade auf der Durchreise war. Keinem Nobelpreisträger wurde je die Tür gewiesen.

Alle Besucher wurden – anscheinend ohne Protest – gezwungen, sich seiner ausgefeilten Selbstdarstellung und seinen unveränderlichen Gewohnheiten anzupassen; nur wenige von ihnen erhoben Einwände, weil sie diese privilegierte Lebensweise offenbar für eine Art heilige Hingabe an die Kunst hielten, mit der sie jedoch, aus meiner heutigen Sicht, nur sehr wenig zu tun hatte.

Dass Berenson und die Kunst mich damals ins Grübeln gebracht haben müssen, kann ich rückblickend daran erkennen, dass ich zu dieser Zeit etwas über ihn geschrieben habe. Als ich Anfang der sechziger Jahre zu schreiben begann, entstanden die meisten meiner Texte aus einem Gefühl der Unentschiedenheit heraus, und das Stück oder der Sketch oder was auch immer waren der Versuch, zu einer Lösung zu kommen. Als ich also 1964 unter dem Titel *Ta Ta I Tatti* den Bericht über einen Besuch bei Berenson parodierte, drückten sich darin meine Zweifel an dieser gesellschaftlichen Heiligsprechung der Kunst aus.

Im Rückblick weiß ich allerdings nicht mehr, warum ich mir überhaupt die Mühe gemacht habe. Als ich für diesen Vortrag Texte über Berenson erneut las, fand ich ihn sowohl unerträglich als auch albern. Wie kann man jemanden ernst nehmen, der mit Ernest Hemingway einen Briefwechsel über Sex unterhält und über sich selbst schreibt, er habe »viel geliebt, doch wenig kopuliert, dann allerdings mit der Wertschätzung, die man einem guten Champagner entgegenbringt«?

Berenson war nicht nur prätentiös, er konnte auch einigermaßen skrupellos sein. Die längste Zeit seines Lebens stand er auf der Gehaltsliste des Kunsthändlers Duveen, was dazu führte, dass einige seiner Gutachten und Zuschreibungen eher im eigenen Interesse als im streng wissenschaftlichen erfolgten. Sein Einfluss ist in amerikanischen Museen und Galerien spürbarer als hierzulande, allerdings spielte er eine Rolle in der verwickelten Saga um den Erwerb von Tizians *La Schiavona* durch die National Gallery im Jahr 1942, ein Bild, das Berenson ursprünglich für die Kopie eines verlorenen Giorgione-Gemäldes gehalten hatte.

Außerdem war er indirekt verwickelt in den Ankauf einer Gruppe von Gemälden Sassettas, die heute im Sainsbury-Flügel hängen und die Kenneth Clark als Direktor für eine wahrscheinlich überhöhte Summe erwarb, wiederum über Duveen, der auch im Stiftungsrat saß. Vertrauensvolle und redliche Beratung allerdings, das muss man sagen, gehörte nicht unbedingt zu Duveens Stärken.

Hätte ich als junger Mann in Worte fassen müssen, wie ich auf Bilder reagierte, so hätte ich geantwortet, dass ich Gemälde mochte, von denen, wie ich gesagt hätte, ein gewisser Glanz oder ein Leuchten ausging. So etwas zog mich quer durch den Saal zu einem Bild hin und (das gestehe ich leicht beschämt) sorgte dafür, dass ich das Bild mit nach Hause nehmen wollte. Dazu kam es nie, aber immerhin kaufte ich um diese Zeit ein oder zwei Glasbilder aus dem frühen 19. Jahrhundert, die, wie natürlich alle Glasmalereien und ungeachtet ihres künstlerischen Werts, einen durchscheinenden Glanz besitzen.

Es lässt sich ganz leicht zeigen, was ich mit diesem Leuchten meinte – und wahrscheinlich immer noch meine. In einer beinahe zufälligen Auswahl wäre da zum Beispiel Bellinis *Gebet am Ölberg*, bei dem der Glanz wohl von der nahenden Morgendämmerung ausgeht, so wie bei Giorgiones *Landschaft mit den Heiligen Rochus, Georg und Antonius Abbas* die Abenddämmerung leuchtet; auf Vincenzo Catenas *Bildnis eines jungen Mannes* könnte es das Strahlen der Jugend sein.

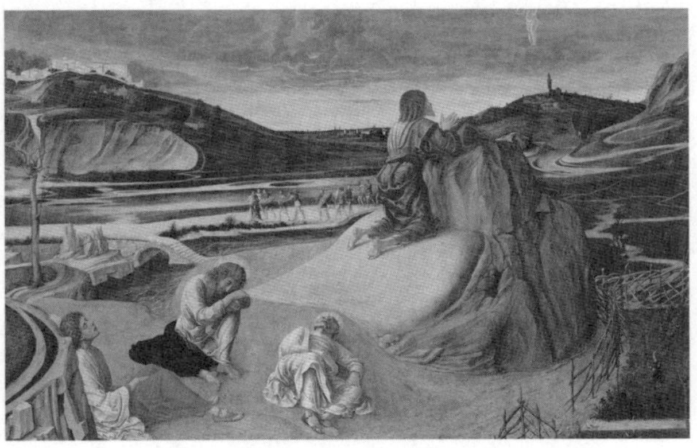

Giovanni Bellini: Gebet am Ölberg (circa 1465)

Dann gibt es noch das eher behagliche Leuchten von Antonellos *Der heilige Hieronymus im Gehäuse.* Der Pfau galt als Symbol für Unsterblichkeit und Auferstehung, weil sein Fleisch angeblich nicht verweste. Weniger bekannt ist die Annahme, dass er beim Anblick seiner eigenen Füße zu schreien anfing, weil er sie nicht als die seinen erkannte – eine Empfindung, die man immer besser nachvollziehen kann, je älter man wird.

Handwerklich hat der Glanz, besonders bei venezianischen Gemälden, oft mit Lasuren, oder besser: der Anhäufung von Lasurschichten zu tun, die dem Gemälde Tiefe verleihen. Manchmal sind es auch dicht beieinander liegende Farbschattierungen, doch was es auch sein mag: Ich kann nur sagen, ich erkenne das Leuchten, wenn ich es sehe, was natürlich weder intellektuell besonders respektabel noch mitteilbar ist. Es war deshalb eine glückliche Fügung, dass ich um diese Zeit, Ende der sechziger Jahre, allmählich erkannte, dass man Bilder auch unter einem anderen Aspekt betrachten konnte, und anfing, mich für Kunstgeschichte zu interessieren.

Damit war ich natürlich nicht allein, da die Kunstgeschichte Ende der Sechziger einen regelrechten Boom erlebte. Die Geschichte der Kunstgeschichte im England der zweiten Hälfte des 20. Jahrhunderts wäre selbst ein faszinierendes Thema für eine Studie, weil sie nebenbei alle möglichen anderen Entwicklungen berücksichtigen müsste – die ersten farbigen Zeitungsbeilagen zum Beispiel, die steigende Verbreitung von Zeitungen und Illustrierten, die Öffnung und Popularisierung der großen Auktionshäuser Sotheby's und Christie's, das Konzept eines nationalen Erbes und sogar, auch wenn man dabei ein wenig zusammenzuckt, Fernsehsendungen wie die *Antiques Road Show.*

Entscheidend für die Entwicklung des Fachs in diesem Land waren zahlreiche, vor den Nazis geflohene deutsche Kunsthistoriker, die hier in den dreißiger Jahren Aufnahme fanden und von denen viele Ikonografie betrieben. Berenson hatte wenig für diese Methode übrig gehabt, da es ihn weit mehr beschäftigte, wie ein Gemälde aussah, als das, was es bedeuten könnte. Wie kurzsichtig dieser Ansatz ist, scheint auf der Hand zu liegen, denn eine der erfreulichen Vorzüge der Ikonografie, also des Freilegens von Bedeutungsebenen innerhalb eines Bildes, ist schlicht, dass man dadurch länger vor einem Bild verweilt. Wie eine Bodenschwelle macht einen die Ikonografie langsamer, man muss sich dem Gemälde mit einer bestimmten Absicht widmen, und als Nebenwirkung (ja, Nebenwirkung ist hier genau das richtige Wort, denn es passiert praktisch aus dem Augenwinkel) wird man von der Schönheit des Gemäldes, die in direkter Gegenüberstellung schwerer wahrzunehmen ist, unmerklich eingenommen. Wie E.M. Forster sagt: »Nur was man nebenbei sieht, sinkt tief ein.«

Für mich jedoch bedeutete die Erkenntnis, dass Gemälde entschlüsselt, dass sie ebenso sehr intellektuell wie ästhetisch erfahren werden konnten, eine gewisse Erleichterung. Denn das stellte sie gleich in einen vertrauten und viel englischeren Zusammenhang – wenn auch nur, weil man viel

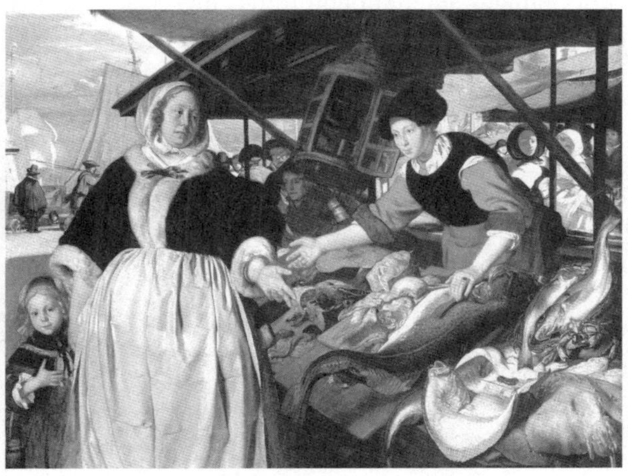

Emanuel de Witte: Adriana van Heusden und Tochter auf dem neuen Fischmarkt in Amsterdam (1662)

ikonografische Arbeit, nämlich zu erläutern, wer wer und was was ist in einem Bild, auch als die vornehmere Variante einer äußerst englischen Beschäftigung ansehen könnte: des Klatsches.

Betrachten wir zum Beispiel das Bild *Adriana van Heusden und Tochter auf dem neuen Fischmarkt in Amsterdam* des holländischen Malers Emanuel de Witte aus dem 17. Jahrhundert. Es ist hilfreich zu wissen, dass de Witte, als er das Bild malte, ganz und gar auf dem Trockenen saß und dass er eine Abmachung mit seinem Vermieter getroffen hatte, nach der sämtliche Bilder, die er malte, im Gegenzug für Kost und Logis in den Besitz jenes Vermieters übergingen. Und dass Adriana van Heusden, die selbst neben Tintenfisch und Rochen noch ziemlich imposant aussieht, die Frau seines Vermieters war.

Oder sehen Sie sich Veroneses wundervolles Panorama *Die Familie des Darius vor Alexander dem Großen* an. Der persische König Darius war von Alexander in der Schlacht bei Issos geschlagen worden, vom Schlachtfeld geflohen und hatte es – reichlich niederträchtig – seiner Mutter, seiner Frau und sei-

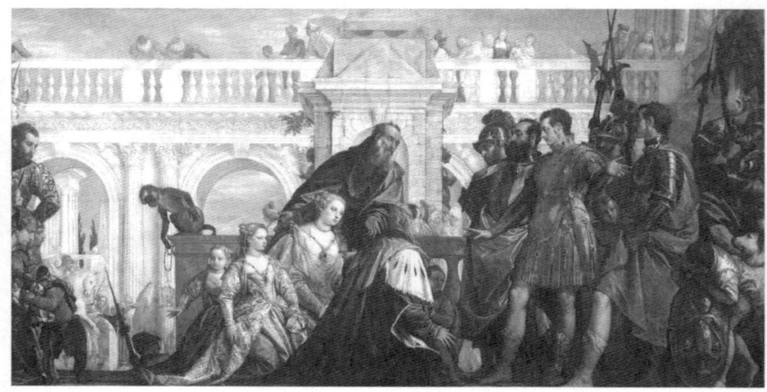

Paolo Veronese: Die Familie des Darius vor Alexander dem Großen (1565–1567)

nen Kindern überlassen, seinem Bezwinger gegenüberzutreten. Es gab stets Diskussionen darüber, welcher der beiden jungen Männer etwas rechts von der Bildmitte Alexander und welcher sein Freund Hephaistion ist. Und darum geht es in diesem Gemälde natürlich auch, denn Darius' Mutter Sisygambis richtet ihr Flehen der Legende nach an den falschen Mann. Nun hat Plutarch geschrieben, dass Alexander gelegentlich recht streng roch: Man hat also vermutet, dass die linke, rot gekleidete der beiden Figuren Alexander ist, da dieser Mann, anders als der schwarz gekleidete neben ihm, keine Rüstung trägt. Weil er wusste, dass er Darius' Familie treffen würde, und sich seiner Probleme mit der Körperpflege bewusst war, hat Alexander noch rasch geduscht und sich umgezogen. Das ist dann Kunstgeschichte, aber eben auch Klatsch.

Wenn man die Heiligen und ihre Legenden kennt, ist das ein weiterer Quell des Tratsches. Hier fällt es mir manchmal schwer, die Bilder nicht lächerlich zu finden, auch wenn ich nach einer ganzen Weile die Einsicht gewonnen habe, dass man Bilder wertschätzen und gleichzeitig über sie lachen kann. Heilige und ihre Attribute haben für mich immer eine komische Seite, einige allerdings mehr als andere.

Nachdem es mit Jesus einmal so glücklich gelaufen ist, kann man durchaus nachvollziehen, dass Maria Magdalena seither ohne ihr Ölkännchen nirgendwo mehr hingeht. Also hat sie, selbst wenn sie liest wie in Rogier van der Weydens Gemälde, das Kännchen griffbereit neben sich stehen, falls unerwartet weitere zu salbende Füße auftauchen. Und auch als sie sich auf Savoldos Bild der Grabkammer nähert, überlässt sie nichts dem Zufall. Das Kännchen drängt sich zum Glück nicht in den Vordergrund, sondern hält sich meist diskret zurück.

San Rocco oder Rochus von Montpellier, der Schutzpatron der Pestkranken, ist hingegen schwerer zu ertragen, egal wie gut er gemalt ist. Schließlich muss er immer den Rock lüften, um uns seine Pestbeule zu zeigen, die sich leider weit oben an seinem Oberschenkel befindet. Auf dem Gemälde von Crivelli, das in der Wallace Collection hängt, rechnet man beinahe damit, dass er Strumpfbänder trägt.

Fast jede Darstellung des Martyriums des heiligen Sebastian changiert zwischen Pornografie und Lächerlichkeit, ohne dass es jemals ein richtiges Martyrium wäre, denn der Heilige ist gar nicht an den Pfeilwunden gestorben, sondern wurde von einigen heiligen Damen gesund gepflegt, nur um sich dann später unter weniger pittoresken Umständen totschlagen zu lassen. Das tatsächliche Martyrium des heiligen Sebastian wird also nie abgebildet. Und ausnahmslos ist seine Reaktion auf die Pfeile völlig unangemessen. Jedes Mal, wenn wieder ein Pfeil sein Ziel trifft, zuckt er nur leicht zusammen, als wollte er sagen: »Also wirklich. Muss das sein?«

Und dann ist da diese Mischung aus Nacktheit und Wohlanständigkeit, wie in der Antonello zugeschriebenen Darstellung in Bergamo. Seine Scham ist so ordentlich und sauber verpackt, dass sie wie eine noch nicht gebackene Apfeltasche aussieht. Auf dem Pollaiuolo in der National Gallery ist das ganz anders – im Vordergrund die hervorragend gestalteten Bogenschützen, die weite Landschaft, die sich im Hintergrund erstreckt. Ich habe allerdings auch hier das Gefühl, dass der Heilige selbst sich ein bisschen hängen lässt.

Von den Märtyrern am schwersten ernst zu nehmen ist vielleicht Petrus von Verona. Er hat ein ganz und gar heiliges Leben geführt. Das fing, wenn man der *Legenda aurea* glaubt, schon damit an, dass er als siebenjähriger Schüler seinem Onkel einmal die Leviten las, weil der ihm allzu sehr nach Ketzerei roch. Ein richtungsweisendes Ereignis für seinen weiteren Lebensweg, auf dem er unter anderem einen Edelmann heilte, indem er ihm die Hände auf die Brust legte – woraufhin dieser einen dicht behaarten Wurm mit zwei Köpfen erbrach. *Alien* kann der *Legenda aurea* nichts mehr beibringen.

Petrus von Verona wird selten ohne eine Axt dargestellt, die – wie das Schwert Excalibur im Stein – tief in seinem Schädel steckt, auch wenn er tatsächlich gar nicht durch eine Axt ums Leben kam. Doch wie auf dem Gemälde von Bellini in der National Gallery zu sehen, fällten Waldarbeiter in der Nähe Bäume, als er ermordet wurde, sodass die Axt irgendwie in seinem Kopf gelandet ist.

Dass Heilige nie ohne die Werkzeuge ihres Martyriums auftreten, sondern sie immer und überall mit sich herumschleppen, in welchem Bild sie auch auftauchen, scheint auf ein hohes Maß an gesellschaftlichen Minderwertigkeitsgefühlen hinzudeuten. Die heilige Katharina von Alexandrien glaubt, dass niemand sie erkennt, wenn sie nicht ihr Rad mit hereinrollt – was ja auch stimmt. Und Petrus von Verona sagt im Grunde: »Hallo zusammen. *[Deutet auf die Axt in seinem Kopf.]* Kennt ihr mich noch?«

Natürlich haben nicht bloß Heilige ihre Attribute, es gibt auch moderne Entsprechungen. Ich habe einmal einen Fernsehfilm in Nordengland gedreht, in dem sich in einer Szene zwei alte Männer in einem Kleingarten unterhalten, und einen der beiden spielte der alte Music-Hall-Komiker Albert Modley. Modleys Markenzeichen, sein Attribut, war eine übergroße Schiebermütze, und zufällig sollte er in der Szene, die wir drehten, ebenfalls eine solche Mütze tragen, nur nicht in der ungeheuren Größe seines

Bühnenkostüms. Er war gern bereit, die Riesenmütze gegen eine kleinere zu tauschen; Mrs Modley hingegen nicht, denn sie wandte ein: »Oh nein. Albert muss die große Mütze tragen, sonst weiß das Publikum doch nicht, wer er ist.« Ich stelle mir vor, dass die Mutter des heiligen Laurentius einen ähnlichen Aufstand machen würde, sollte er irgendwo ohne seinen Grillrost auftreten.

Etwas Ähnliches passierte mir bei einer katastrophalen Inszenierung eines meiner Stücke in den USA, an der die Schauspielerin Celeste Holm mitwirkte. Es war eine Komödie, und auch wenn ich mich nicht selbst loben will, hatte Mrs Holm ein paar gute Pointen, die jedoch beim Publikum keine Wirkung zeigten. Sie führte das nicht auf ihre eigenen Unzulänglichkeiten zurück, sondern auf die Tatsache, dass die Zuschauer sie nicht erkannten und daher eine Erinnerung bräuchten. Jahre zuvor hatte sie als Annie in *Annie Get Your Gun* debütiert, weshalb ihr der glänzende Einfall kam, dem Publikumsgedächtnis dadurch auf die Sprünge zu helfen, dass sie bei ihrem ersten Auftritt ein Gewehr abfeuerte. Das half jedoch nicht und machte ihr auch keine Freunde im Ensemble. Da das Stück zudem in einem Vorstadt-Wohnzimmer spielte, blieb die Geste, um es vorsichtig auszudrücken, undurchsichtig.

Aber Rochus und seine Pestbeule, Maria Magdalena und ihr Ölkännchen, Albert Modley und seine Mütze, Celeste Holm und ihre Flinte … das alles sind Attribute.

Ich würde mich freuen, wenn irgendwo im Museum ein Schild hinge mit dem Hinweis: »Sie müssen nicht alles mögen.« Wenn man in den Stiftungsrat gewählt wird, bekommt man eine private Führung vom Museumsleiter Neil MacGregor persönlich. Meine fand um neun Uhr morgens statt, zu einer Uhrzeit also, da ich kaum dem Milchmann ins Auge sehen mag, geschweige denn einem Tizian. Als wir im Nordflügel der Gallery unterwegs waren und Neil mich gerade in einen Saal führen wollte, sagte ich zu ihm: »Ach, holländische Bilder mag ich nicht« – womit ich Vermeer, De Hooch und sogar Rembrandt geringzuschätzen schien. Ich sah ein kurzes Erschrecken über seine Miene ziehen, als sagte er zu sich selbst: »Was für einen Witzbold haben wir denn da ernannt?«

Aber ganz so meinte ich es natürlich nicht. Mit holländischen Bildern meinte ich (was allerdings vielleicht nicht minder schockierend ist) holländische Landschafts- und Meermalerei, Bilder wie beispielsweise die Flussansichten von Jan van de Cappelle oder die Mondscheinlandschaften von Aert van der Neer. Und weil mir meine Bemerkung im Nachhinein albern vorkam, fragte ich mich, wieso ich sie nicht mochte. Da ging mir auf, dass es daran lag, dass ich als Kind viel zu viele solche Bilder als Puzzles geschenkt bekommen hatte. So viel Himmel und so viele verschiedene Brauntöne: Sie mögen zwar Meisterwerke sein, aber als Puzzles sind sie harte Nüsse.

Neben den holländischen Landschaften, denen ich zu früh ausgesetzt war, wurden auch noch andere Bilder Opfer von ungeeigneten oder zügellosen Reproduktionen. John Constables *Heuwagen* mag ich nicht, weil er zu Hause auf ein Tischset gedruckt war. Gainsborough entkam meinem Widerwillen nur knapp – denn sein *Knabe in Blau* war regelmäßig auf alten Keksdosen abgebildet, und irgendwann wurde sogar eine Toffeemarke nach ihm benannt: *The Blue Boy.*

Dann war da Gainsboroughs *Porträt der Mrs Sarah Siddons,* das ich allerdings als Kind immer mit der Dame im ovalen Bilderrahmen verwechselte, die am Anfang eines jeden Gainsborough-Films erschien. Gainsborough Pictures war ein britisches Filmstudio aus den Vierzigern und Fünfzigern, und die betreffende Dame posierte, als wäre sie ein Gemälde, um sich dann kurz vor Beginn des eigentlichen Films dem Publikum zuzuwenden und huldvoll den Kopf zu neigen. Dass amerikanische Filme oft mit einem brüllenden Löwen anfingen, britische Filme hingegen mit einer den Kopf senkenden Dame, könnte man bestimmt als bedeutsames Zeichen unserer nationalen Lebendigkeit auffassen, aber irgendwie gab ich Gainsborough, dem Maler, die Schuld für diese vornehme Gediegenheit.

Erst viel später, als ich die, aus meiner Sicht, recht unbeholfenen (weil früheren) Gainsboroughs sah, vor allem *Mr und Mrs Andrews,* änderte ich meine Meinung. Besonders gefällt mir die schlechte Laune von Mrs Andrews, der zwar nicht direkt die Nase läuft, die aber auf jeden Fall so aussieht, als wäre sie lieber drinnen geblieben. Ich mag auch das frühe *Selbstporträt Gainsboroughs mit seiner Familie,* das er malte, bevor er so richtig in Fahrt und in Mode kam.

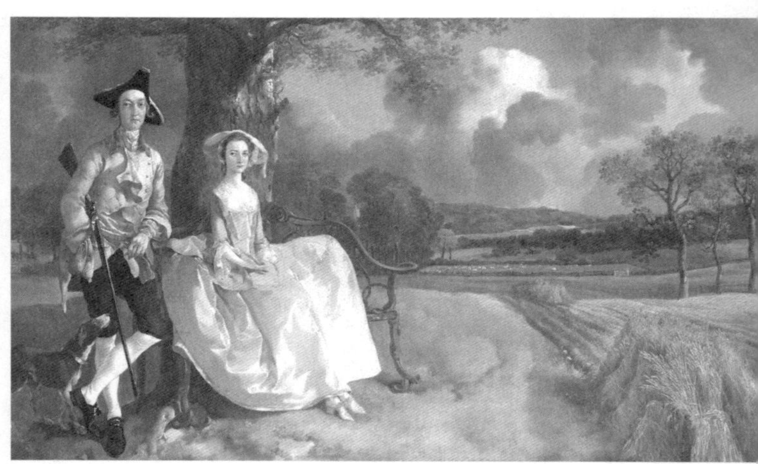

Thomas Gainsborough: Mr und Mrs Andrews (circa 1750)

In jenen unterbelichteten und bilderarmen Zeiten kurz nach dem Krieg, als ein so großer Teil des Lebens in Großbritannien brachlag, besorgte meine Mutter sich Zeitschriften wie *My Home* oder *Ideal Home*, in denen man manchmal Blumendrucke fand. Da Mam sich so nach Vornehmheit sehnte, schnitt sie die Blumendrucke aus, schob sie in einen Rahmen, hängte sie über die Anrichte – und ruinierte damit nebenbei eine weitere Malschule für mich. In der Ausstellung spanischer Stillleben fand ich die ersten Säle wundervoll, besonders Juan Sánchez Cotáns hängende Kohlköpfe, doch als ich zu den Blumenbildern kam, ging ich schnurstracks weiter – dank der Abdrucke aus *Ideal Home* vor vierzig Jahren.

Woran man sich kaum erinnert, wenn man an die Kindheit in den Vierzigern und Fünfzigern zurückdenkt: Wir hatten zwar nicht das Gefühl, Mangel zu leiden, doch es herrschte eine Art Bilderhunger, der daher rührte, dass Abbildungen und Reproduktionen, vor allem farbige Nachdrucke, streng rationiert waren, was im Grunde erst in den frühen Sechzigern endete. Ich kann mich zum Beispiel nicht entsinnen, dass Museen Poster verkauften, und die Auswahl an Postkarten war sehr beschränkt. Daher bestand eine der Freuden von Auslandsreisen – 1957 war ich zum ersten Mal in Italien – darin, nicht bloß die Gemälde in den Museen zu sehen, sondern auch Postkarten kaufen zu können. Die kamen mir wirklich glamourös vor – weil sie einerseits so glänzend und andererseits abfallend gedruckt waren, das heißt randlos: das Bild füllte die gesamte Karte aus. So sah Kunst aus, schien es mir, vor allem, wenn ich sie mit ihren englischen Gegenstücken verglich: schlecht gedruckt, unscharf und immer umgeben von einem schüchternen weißen Rand.

Selbst heute, da die Drucktechnik so viel besser ist, halten sich die Ränder hartnäckig und verkörpern für mich Trostlosigkeit, Sparsamkeit und alles, was das Ausland nicht war. Ich glaube, der Direktor des Museums sieht das anders als ich, denn er bevorzugt Ränder und hat dafür sicher stichhaltige Gründe, doch wäre er fünfzehn Jahre älter, würde er mich verstehen. Eine Postkarte mit weißem Rand stammt für mich aus einer Welt, zu der auch Nylonhemden, Senfpulver und dicke Laufsocken gehören. Ich weiche mit dem gleichen Schaudern vor ihnen zurück wie junge Leute heutzutage vor Schlaghosen.

Wenn man für seine Abneigungen und Schwächen eine Erklärung wie die Puzzles findet, ist das beruhigend, es gibt einem das Gefühl, dass Geschmack nicht völlig willkürlich ist. Allerdings gilt natürlich auch, dass man sich umso mehr scheut, seine Ansichten zu äußern, je größer der betreffende Künstler ist. Ich zum Beispiel muss zugeben, dass ich Leonardo da Vincis Gemälde nicht recht mag, auch wenn mir manche mehr missfallen als andere; *Johannes der Täufer* aus dem Ashmolean Museum ist mir besonders unsympathisch. Vor allem das Lächeln finde ich unerträglich. Wenngleich lächelnde Mienen auf Gemälden um diese Zeit wahrscheinlich ziemlich ungewöhnlich und schon darum etwas Besonderes sind, ist dieses doch so vielsagend, dass man ihn praktisch fragen hört: »Willst du nicht mal zu mir heraufkommen?«

Wenn Schriftsteller zu verlegen sind, um ihre Ansichten laut auszusprechen, haben sie immer noch ein Mittel, das anderen Menschen nicht gegeben ist: Sie lassen ihre Unsicherheiten einfach verschwinden und legen ihre Meinungen ihren Figuren in den Mund. Das habe ich 1988 in einem Stück – *A Question of Attribution* – über den Doppelagenten Anthony Blunt getan, und wenn ich mir es heute ansehe, scheint es mir, wie der Sketch über Berenson, ein

Beweis meines Leidens an der Kunst. Das Stück hatte drei Stimmen: Blunt selbst, den ich authentisch klingen lassen wollte, was mir nicht ganz gelang, einen fiktiven Beamten des Geheimdienstes MI5 namens Chubb und als dritte Ihre Majestät die Königin … Dabei wurden dem Geheimpolizisten und in gewissem Maße auch der Königin meine Zweifel und Unsicherheiten die Kunst betreffend aufgebürdet.

»Was soll ich denn fühlen?«, fragt der Geheimpolizist, als er in die National Gallery gehen will.

»Wie fühlen Sie sich denn?«, fragt Blunt.

»Verwirrt«, sagt Chubb, »und außerdem todmüde«, und diese letzte Bemerkung sprach mir aus der Seele.

Blunt ist zwar gereizt, aber er kann es nicht lassen, seinen Quälgeist zu belehren, obwohl ihm gleichzeitig bewusst ist, dass der Geheimpolizist seine Naivität womöglich nur vortäuscht, um ihn einzulullen oder in eine Falle zu locken. Er versucht Chubb zu erklären, dass man die Geschichte der Kunst nicht einfach als Fortschritt hin zu einer immer genaueren, lebensnahen Darstellung begreifen darf.

»Würden wir etwa sagen, Giotto könne Michelangelo nicht das Wasser reichen, weil seine Figuren weniger lebensecht wirken?«

»Michelangelo?«, sagt Chubb. »Ehrlich gesagt, finde ich seine Figuren überhaupt nicht lebensecht. Die Frauen jedenfalls nicht. Die sehen bloß aus wie Männer mit Titten. Und die Titten sehen aus, als hätte man sie mit dem Eisportionierer auf den Körper geschaufelt. Hat das noch nie jemand bemerkt?«

»Zumindest nicht auf diese Weise.«

Ich glaube, so denke ich selbst über Michelangelos Frauen, auch wenn ich es nur ungern sage. Kräftig wäre wohl das passende Wort für sie – fast wie auf Steroiden. Ich glaube nicht, dass eine von ihnen zum 100-Meter-Lauf zugelassen würde, ohne nicht wenigstens eine Urinprobe abzugeben.

In meinem Stück lege ich der Queen einige Zweifel über Darstellungen von Mariä Verkündigung in den Mund.

»Es gibt reichlich viele davon«, sagt die Queen. »Als wir in Florenz waren, hat man uns durch die Uffizien geführt, und, nun ja … ich würde nicht sagen, die Verkündigungen würden einem geradezu nachgeworfen, aber sie begegnen einem wie Sand am Meer. Und nicht alle sind besonders überzeugend. Mein Mann wies mich darauf hin, dass der Engel auf einem Bild aussehe wie der Briefträger mit der Lotteriewerbung. Und dass die Jungfrau protestiere, sie habe doch angekreuzt, keine Werbesendungen erhalten zu wollen.«

Diese letzte Anmerkung war, obwohl sie hier dem Herzog von Edinburgh zugeschrieben wird, ebenfalls Ausdruck meiner eigenen Leiden. Die resultierten aus meinen erfolglosen Versuchen, einen Artikel über die Handstellungen der Jungfrau Maria zu verstehen und im Gedächtnis zu behalten. Diese Gesten sind nämlich ein zuverlässiger Anzeiger ihrer Gefühle, der für die Zeitgenossen sofort verständlich war, uns heute jedoch ohne ausgreifende Erklärungen ein Geheimnis bleibt. Das ist ein ziemlich abgelegener Zweig der Kunstgeschichte, aber er führt mich zu einer weiteren Frage und zu einer anderen unter meinen Sorgen.

Während ich mich durch einige unlesbare kunstgeschichtliche Werke quälte, erlaubte ich mir gelegentlich den banausenhaften Gedanken, dass all diese verzwickten Erläuterungen, diese ganzen Gesten, die wiederum auf andere Gesten verweisen, die Bilder, die einander zitieren und allesamt auf klassischen Mythen basieren … dass sicher auch die Zeitgenossen das alles nicht sofort parat hatten oder instinktiv begreifen konnten, was wir nur durch mühsame Forschungen und Erklärungen erfassen, und dass man die Bilder damit, wie es heißt, »überinterpretiert«. Doch ich besann mich eines Besseren, als ich an meine Kindheit und an die anderen Bilder dachte, die wir uns damals angucken gingen – im Kino.

Als Kind ging ich mit meiner Familie mindestens zweimal die Woche ins Kino, so wie die meisten Familien damals und ganz ohne Rücksicht auf den künstlerischen Wert eines Films. Für mich war *Citizen Kane* langweiliger, aber sonst in keiner Weise anders als irgendeine leichte Komödie. Und so regelmäßig ins Kino und damit zu den Bildern zu gehen, Woche für Woche zu sehen, was angeboten wurde, das war, wie ich heute erkenne, auch eine Art Bildung; eine Einführung in das subtile, komplexe und nicht immer konventionelle moralische Zeichensystem, das damals in der Welt des Films vorherrschte und sich ohne große Veränderungen bis in die frühen sechziger Jahre hielt.

Vor Kurzem habe ich versucht, über einige der Typen zu schreiben, die zum Standard der Filme aus dieser Zeit gehören, und ich werde jetzt über zwei davon sprechen, in der Hoffnung, dass ich die bewegten Bilder mit den hier hängenden in Bezug setzen kann.

Eine wiederkehrende Gestalt in den Filmen jener Ära war der Geschäftsmann mittleren Alters, eine Stütze der Gesellschaft, leutselig, onkelhaft, mit schlohweißem Haar. Die Älteren unter ihnen werden sofort wissen, welche Art Figur ich meine, wenn ich Ihnen die Namen Thurston Hall und Edward Arnold nenne. Heute spielen ihre Namen keine Rolle mehr, doch zu jener Zeit waren sie sofort erkennbar. Ich jedenfalls wusste schon mit acht Jahren:

Wenn dieser oder ein entsprechender Typ auftauchte, führte er nichts Gutes im Schilde.

Die Figur sagt:

Ich bin kein abgefeimter Schurke, und meine Seele ist auch nicht sonderlich gequält. Das Verbrechen ist in meinem Fall kein Kunstersatz. Nur wegen meines Silberhaars und meiner grundsätzlichen Gutmütigkeit, die ohne Ausnahme von einem zweireihigen Anzug ergänzt werden, hält man mich für einen feinen Herrn. In Filmen sehen anständige Männer nicht wie anständige Männer aus, und charmant ist lediglich ein Synonym für verdächtig. Böse Männer tragen gute Anzüge; ehrliche Männer tragen Regenmäntel, und sie sind den Bösewichten so unermüdlich auf den Fersen, dass sie manchmal vergessen, sich zu rasieren.

Das Gegenstück zu dieser Figur, auch wenn sie selten im selben Film auftaucht, wäre der Mann, der früher einmal anständig und respektabel war, aber im Leben einen großen Fehler gemacht hat – zum Beispiel ein Revolverheld, der einen Unschuldigen getötet, oder ein Arzt, der eine Operation verbockt hat – und der durch seinen Fehltritt (und den Alkohol, mit dem er ihn zu vergessen sucht) ins gesellschaftliche Abseits geraten ist.

Thomas Mitchell hat in John Fords *Stagecoach* so einen Arzt gespielt. Obwohl solche verlorenen Seelen häufiger in Western vorkommen, begegnet man ihnen auch in den Tropen – sie leben jedenfalls meistens weit ab vom Schuss.

Diese Figur sagt:

Im Western tue ich mich meist mit der knallharten, Sprüche klopfenden und geradlinigen Lady zusammen, die den Saloon führt und wiederum alle Publi-

kumserwartungen an ihre Rolle erfüllt. Die Zuschauer wissen, dass ihre Wertvorstellungen durch ein Leben voll unermüdlicher und lukrativer sexueller Aktivität kein bisschen abgestumpft sind. Sie erinnern sich, dass Jesus einiges für solche Frauen übrig hatte, und darum haben sie es auch.
Ich bin häufig Arzt und besonders häufig einer, der im entscheidenden Augenblick der Handlung ausgenüchtert werden muss, um das Kind der Protagonistin zur Welt zu bringen oder ein an Diphtherie sterbendes Kind zu retten. Meine medizinischen Fähigkeiten sind zwar ein wenig eingerostet, aber noch haben sie mich nicht ganz im Stich gelassen. Meine Freundin, die Saloon-Besitzerin, assistiert mir bei der Operation. Sie ist hart im Nehmen und nicht zimperlich, und gemeinsam bringen wir den Patienten durch. Nachdem ich mit sicherer Hand einen Luftröhrenschnitt vorgenommen habe, teilt sich mein Erfolg den Zuschauern dadurch mit, dass ich die Treppe herunterkomme und sage: »Sie schläft jetzt.«

Er schließt mit den Worten:

Ich meistere zwar die Herausforderung, vor die das Drehbuch mich stellt, doch wird nie angedeutet, dass ich mein Verhalten dauerhaft ändere oder mich bessere. Das Baby entbinden, das Flugzeug fliegen, den Bösewicht erschießen … nichts davon läutet meine Rückkehr zu einer respektablen, geschweige denn nüchternen Existenz ein. Ich schreite einfach weiter voran auf dem Weg zur Selbstzerstörung. Ich weiß, ich kann mich nicht ändern, also versuche ich es gar nicht erst. Ich bin ein Tunichtgut, aber kein Schurke, und ich weiß, für mich gibt es keine Erlösung. Und genau das erlöst mich.

Diese Analyse mag etwas zu ausführlich geraten sein, doch worauf ich hinauswill, ist das Folgende: Ein Kinopublikum im 20. Jahrhundert musste nur eine dieser Figuren auf der Leinwand gesehen haben, um instinktiv zu wissen, welches moralische Gepäck sie mit sich herumtrug, um sowohl ihre Vergangenheit zu kennen als auch die Zukunft, die sie zu erwarten hatte. Und das nach, wenn man die Stummfilme hinzurechnet, gerade mal dreißig Jahren Filmegucken. Im 16. Jahrhundert hatten sich das Publikum oder die Gemeinde bereits seit mindestens fünfhundert Jahren Bilder angeguckt, wie viel instinktiver und unmittelbarer muss ihre Reak-

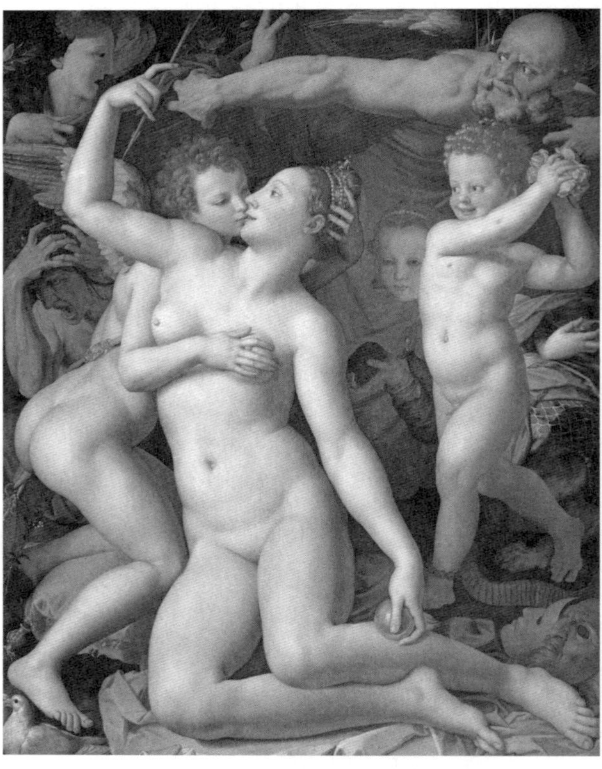

Agnolo Bronzino: Allegorie der Liebe (circa 1545)

tion also gewesen sein, wie rasch und bedenkenlos müssen sie ihre Bilder entschlüsselt haben – so wie ich als nicht sonderlich begabter Achtjähriger die Filmbilder entschlüsseln konnte.

Und obwohl es noch nicht so ist, dass man einem heutigen Kind die Filme der Dreißiger und Vierziger entschlüsseln müsste, wird diese Zeit wohl kommen; diese Ära der feststehenden Moralbegriffe und anerkannten Glaubenssätze, die solche Filme hervorgebracht hat, gehört ebenso der Vergangenheit an wie der Glaube und die Überzeugungen, die ein so komplexes und – zumindest für uns – schwer verständliches Gemälde hervorgebracht haben wie Agnolo Bronzinos *Allegorie der Liebe*.

Bilder im Museum anzugucken ist eine eigenartige Vermischung von Öffentlichem und Privatem. Es ist etwas Öffentliches, aber nichts so Gemeinschaftliches wie beispielsweise ein Theaterbesuch. Wir freuen uns, wenn das Theater, das wir besuchen, voll ist, das Museum hingegen sollte, wenn schon nicht ganz leer, so doch wenigstens nicht zu gut besucht sein. Das liegt daran, dass die Umgebung zwar öffentlich, die Erfahrung aber intim ist; die anderen tragen nichts dazu bei, so wie sie es im Theater oder im Kino tun. Man gehört nicht zu einem Publikum oder einer Gemeinde. Es steigert zwar das Vergnügen, wenn man es mit jemandem teilen und sich über die Bilder austauschen kann, doch weiter soll es eigentlich nicht gehen. Wenn die Ausstellungsräume also für ein großes Publikum eingerichtet sind, weil es nicht anders geht – so wie im Rijksmuseum in Amsterdam, wo Rembrandts *Nachtwache* in einer Art Hörsaal hängt –, habe ich das Gefühl (obwohl ich für jede Sitzgelegenheit dankbar bin), dass irgendetwas nicht stimmt.

John Pope-Hennessy erzählt in seiner Autobiografie, wie er in den Dreißigern als junger Mann in

Italien die Malerei entdeckte und wie »ein Werk einen umso lebendigeren Eindruck hinterlässt, je größere Mühe man aufbringt, es zu sehen«. Ihm war natürlich nicht klar, in welch glücklicher Lage er sich damals befand. Heutzutage ist alles so vorgezeichnet, eingespurt und gut ausgeschildert, dass man kaum noch die Chance hat, selbst etwas Neues zu entdecken; in Europa jedenfalls ist es schwer, etwas zu finden, das schwer zu finden ist.

Nun ist man zwar gelegentlich genervt von den Kindern, die wie auf einer Schnitzeljagd durchs Museum ziehen, doch ich verstehe, dass die museumspädagogische Abteilung ihnen, wenn auch künstlich erzeugt, diese Art der Entdeckung von Bildern bieten möchte. Wenn ich sie dann um ihre Lehrer herum auf dem Fußboden sitzen sehe, überlege ich, ob sie wohl die Fragen stellen, die sie wirklich beschäftigen. Mich zum Beispiel hat es als Kind immer gestört, dass die Kreuzigung Christi jedes Mal schicklicher dargestellt wurde als die der beiden Schächer, dass ihr Todeskampf viel grausamer und langwieriger schien als seiner, obwohl er doch auch im Leid – wie in allem anderen – über ihnen stehen müsste.

Die Kreuzigung Jesu war darüber hinaus viel besser besucht … und ich fragte mich, warum nicht der eine oder andere aus der Heiligen Familie gelegentlich für eine kurze Visite zu einem der anderen Kreuze hinüberging. Schließlich hatten die Schächer niemals Familie um sich – und wenn wir jemanden im Krankenhaus besuchten und jemand anderes im Zimmer keine Besucher hatte, dann machten wir es immer so. Und dann war da Judas.

Für Judas hegte ich immer heimliche Sympathien, einerseits, weil das Christentum ohne ihn nie richtig in die Gänge gekommen wäre, und andererseits, weil einer der zentralen christlichen Glaubenssätze doch die Vergebung der Sünden ist. Und wenn das so ist, sollte Judas doch ganz oben auf der Vergebungsliste stehen. Judas ist *die* Bewährungsprobe für das Christentum. Er ist das T-Shirt, das mit Ei, Rotwein und Kakao beschmiert, dann im Blute des Gotteslamms gewaschen wurde und eigentlich nicht nur sauber, sondern rein wieder herauskommen müsste. Stattdessen wird er nie wieder erwähnt. Er wird zur Unperson, wie Trotzki unter Stalin.

In Gemälden wird er zumeist als solch ein Bilderbuch-Schurke dargestellt, mit roten Haaren, spitzen Ohren und einer heimtückischen Katze unterm Stuhl, dass zumindest ein Kind zu dem Schluss kommen muss, Jesus sei wohl ein bisschen blöd gewesen, ihn überhaupt auszuwählen. Darum finde ich auch die in den Neunzigern in Dublin entdeckte *Festnahme Christi* von Caravaggio so beeindruckend. Hier wirkt Judas auf mich gar nicht so sehr wie ein Bösewicht; er scheint ehrlich verwirrt und kann Christus nicht in die Augen schauen. Ich kann da jedenfalls nichts Schurkisches erkennen. Was ihm widerfährt, ist genauso schrecklich wie das, was Christus zustößt, der ganz passiv und, durch seinen nach unten gerichteten Blick, der Szene fast entrückt scheint.

Es muss für Kinder heute allerdings schwieriger sein, ins Museum zu gehen, als vor, sagen wir, dreißig Jahren, weil ihre Kenntnisse des Christentums schlicht viel lückenhafter sind, als sie es bei Kindern damals waren, ganz zu schweigen von der klassischen Mythologie. Doch auch ein kleines bisschen Wissen hat seine Nachteile und vervielfacht die Möglichkeiten, sich zu irren. Der Romancier Samuel Butler notierte gegen Ende des 19. Jahrhunderts, wie er mit seiner Tante Worsley ins Museum ging:

Wir standen vor Van Eycks Porträt von Giovanni Arnolfini und seiner Frau. Meine Tante hielt es irrtümlich für eine Verkündigungsszene und sagte: »Meine Güte. Was für eine komische Idee … dem Heiligen Geist einen Hut aufzusetzen!«

Doch fast jede Reaktion auf ein Gemälde ist besser als gar keine. Eine Dame, die vor der Quentin Massys zugeschriebenen *Grotesken alten Frau* bemerkt: »Also, mich erinnert sie ein bisschen an Mrs Ridsdale«, scheint womöglich das Wesentliche nicht zu erfassen, und sie ignoriert die Vergangenheit des Bildes als Zeichnung Leonardos und seine Zukunft als John Tenniels Vorlage für die hässliche Herzogin in *Alice im Wunderland.* Aber wenn ihr das Bild dank Mrs Ridsdale in Erinnerung bleibt, macht das nichts.

Das *Porträt Alexander Mornauers* gehört erst seit 1991 in die Sammlung der National Gallery, doch wäre es schon vor zwanzig Jahren hier gewesen, hätte ein Kind womöglich die Ähnlichkeit mit dem Fernsehschauspieler Raymond Burr bemerkt, der den Detektiv Perry Mason spielte. Das ist natürlich nicht die Art Kommentar, die in der Villa »I Tatti« oder bei Sir John Pope-Hennessy besonders gut angekommen wäre, aber das spielt keine Rolle. Irgendwo muss man anfangen, und alles, was einen mit einem Bild verbindet und einen genauer hinschauen lässt, ist besser als nichts. Und ganz bestimmt hilfreicher, als gesagt zu bekommen: »Das sollten Sie sich ansehen. Es ist ein Meisterwerk.«

Manchmal, wenn man ein Buch liest, einen Roman zum Beispiel, stößt man auf Gedanken oder Gefühle, die man selbst schon gehabt hat, die man aber, weil man sie für merkwürdig oder eigentümlich hielt, nicht ausgedrückt oder ausgesprochen hat … und jetzt stehen sie hier, aufgezeichnet von jemand

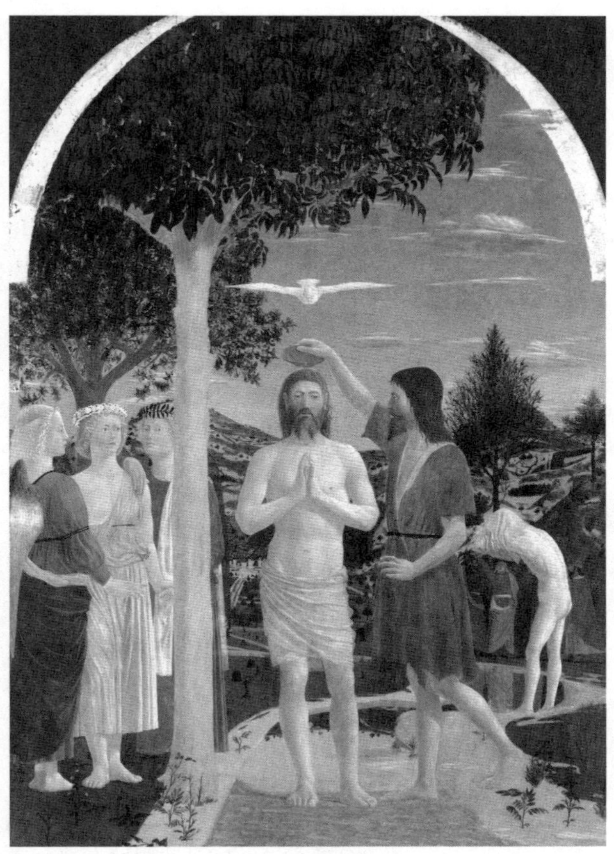

Piero della Francesca: Taufe Christi (circa 1450)

anderem. Das fühlt sich an, als streckte sich eine Hand aus dem Buch und griffe nach der unseren.

Diese Empfindung habe ich später Hector in den Mund gelegt, dem exzentrischen Schuldirektor in den *History Boys*. Etwas ganz Ähnliches, das man als Beweis der Menschlichkeit bezeichnen könnte, lässt sich auch bei Gemälden feststellen. Das auffälligste Beispiel sehen wir auf einem der bekanntesten Gemälde der National Gallery, der *Taufe Christi* von Piero della Francesca … es ist der Mann, der sein Hemd auszieht. Es liegt ein unbegreiflicher Trost in der Tatsache, dass man schon vor über fünfhundert Jahren sein Hemd fast genauso ausgezogen hat wie heute. Dieses Stück Natürlichkeit wirkt umso lebendiger, als es stark mit den hieratisch strengen Figuren von Jesus und dem Täufer im Vordergrund kontrastiert, die natürlich – wie alle Figuren auf Pieros Bildern – ernst dreinblicken und nicht lächeln. Als Werbeträger für Zahnpasta kämen Pieros Leute bestimmt nicht weit.

In seiner *Geburt Christi,* einem weiteren beliebten Bild, gibt es ein eigenartig modernes Detail im Hintergrund: Josef sitzt entspannt auf einem Hocker, hat ein Bein über das andere geschlagen und zeigt dem Betrachter seine Fußsohle. Angesichts dieser lockeren Haltung mag einem der Gedanke verziehen werden, dass Josef die Geburt des Kindes wahrscheinlich mit einer dicken Zigarre feiert. Doch das

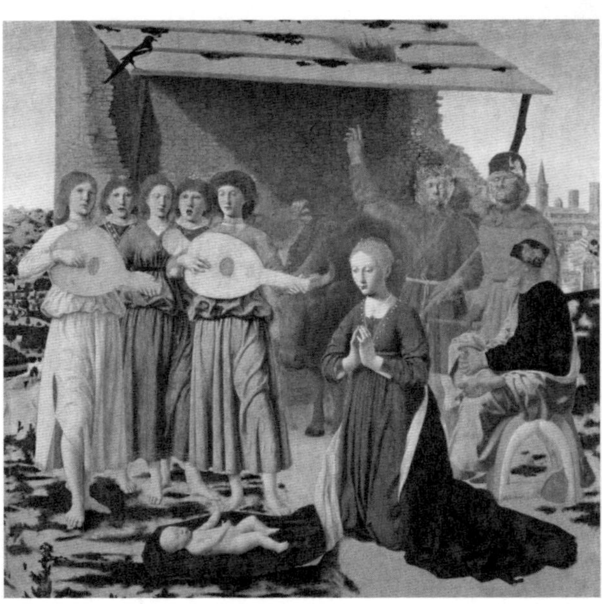

Piero della Francesca: Geburt Christi (1470–1475)

ist eine Illusion, und zwar keine von der Art, auf die sich Kunsthistoriker wie Sir Ernst Gombrich spezialisiert haben.

Paradoxerweise sind es oft Tiere, die einem Gemälde eine menschliche Note verleihen sollen. Auf Catenas *Maria mit dem Kinde und einem Krieger* ist es ein kleiner Hund. Auf William Hogarth' *Porträt der Graham-Kinder* ist die Katze womöglich hochgesprungen, um nach dem Vogel zu haschen, aber auch wegen des schieren Vergnügens, die Krallen ins Stuhlpolster zu schlagen. Auf Veroneses *Familie des Darius vor Alexander dem Großen* lenkt ein Affe eines der Mädchen ab oder erschreckt es vielleicht auch, denn das Tier ist von beachtlicher Größe.

Katzen und Affen machen es möglich, die Brücke zum Titelkopf der *News of the World* zu schlagen. Dort stand früher das Motto *»All human life is there«*, »Hier findet sich das ganze menschliche Dasein.« Ich vermute, dass niemand in der Redaktion wusste, woher dieses Zitat stammt, das vollständig so lautet: »Katzen und Affen, Affen und Katzen – hier findet sich das ganze menschliche Dasein.« Und sein Urheber – den man wohl am allerwenigsten mit einem Revolverblatt wie *News of the World* in Verbindung bringen würde – ist Henry James.

Aber bleiben wir bei Veronese. Was einen auf dem Gemälde am meisten anrührt, sind weder die Kinder noch der Affe, es ist Alexander selbst, der hier als sehr junger Mann porträtiert wird. Wir sehen also den Herrscher der gesamten bekannten Welt – der ist aber noch nicht einmal in der Lage, sich einen anständigen Bart wachsen zu lassen. Das finde ich sehr menschlich.

Bei Tizians *Familie Vendramin* kommen einem die Kinder allgemein ziemlich menschlich vor, besonders der kleine Junge mit dem Hund, doch am meisten spricht einen die Figur des Leonard Vendramin ganz links an. Er scheint viel weniger beeindruckend als sein Vater oder sein Onkel, ein wenig schwächlich, beinahe schlicht, und widmet als Einziger unter den Dargestellten seine ganze Aufmerksamkeit der Reliquie auf dem Altar, um den es in dem Bild anscheinend geht. Er sieht so aus wie einer der schwächeren Brüder in *Der Pate,* von dem man gleich weiß, dass er irgendwann kaltgemacht wird.

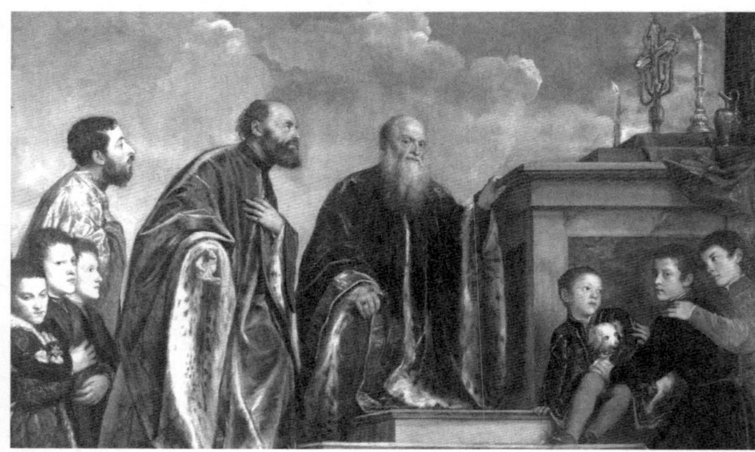

Tizian: Die Familie Vendramin (1550–1560)

Den Abschluss dieses Katalogs der menschlichen Noten bildet *Der Kamin* von Édouard Vuillard – den ich in ziemlicher Verdrehung immer als eine Art französischen Harold Gilman betrachte, schlicht und einfach, weil in der Leeds Art Gallery, wo ich die Malerei entdeckte, eine sehr gute Sammlung von Gemälden Gilmans und der Camden Town Group hing, die ich also kennenlernte, lange bevor ich französische Gemälde aus der gleichen Zeit sah. Dieser Kamin könnte auch in einem Haus in Camden Town stehen. Ich liebe den Kaminsims; ich liebe die Tapete; ich wünschte, es wäre mein Kamin – und auch mein Bild.

Ich wollte eigentlich etwas klischeehaft mit der Mahnung schließen, dass wir die National Gallery nicht als selbstverständlich betrachten sollten. Aber natürlich ist das Gegenteil richtig: Je mehr solcher Institutionen und Freiheiten und Wohltaten man als selbstverständlich betrachten kann – und staatlich subventionierte Museen mit freiem Eintritt stehen da meines Erachtens ganz weit oben auf der Liste –, desto zivilisierter ist eine Gesellschaft. Frei zugängliche öffentliche Bibliotheken gehören ebenfalls dazu, doch die sind ganz gewiss nicht selbstverständlich. Als ich anfing, diesen Vortrag zu schreiben, las ich einen Essay von Madson Pirie, dem Direktor des Adam Smith Institute, der öffentliche Bibliotheken als Gratisunterhaltung für die Mittelklasse abqualifizierte. Wenn solche Ansichten derart schamlos ausgesprochen und von der Regierung ernst genommen werden, dann darf man sich der National Gallery ebenfalls nicht allzu sicher sein.

Dass man keinen Eintritt für dieses Museum zahlen muss, bedeutet nicht, dass man es nicht wertschätzt. Ein besonders ungezügelt grassierendes Missverständnis der letzten fünfzehn Jahre ist die Ansicht, dass wir nur wertschätzen, wofür wir bezahlen, und dass wir geringschätzen, was uns umsonst gegeben wird – selbst wenn das, was wir angeblich geschenkt bekommen, in Wirklichkeit uns gehört, so wie diese Bilder. Meine gesamte Lebenserfahrung und ganz besonders meine Bildung, für die meine Eltern keinen Pfennig bezahlt haben, widerlegen diese Behauptung.

Meiner Meinung nach darf keine Hürde, ob finanzieller oder anderer Art, zwischen den Menschen und ihren Bildern errichtet werden. Sie gehören ebenso sehr den Jungen oder Mädchen, die in einem Hauseingang an der Londoner Strand schlafen, wie den Mäzenen, deren Namen auf Messingtafeln an den Wänden der Gallery prangen. Mit ihren Vortragsreihen und pädagogischen Programmen hat sich hier in der National Gallery vor allem in den letzten zehn Jahren und trotz des vorherrschenden feindlichen politischen Klimas eine freie Kunsthochschule entwickelt, die kostenlos ist und hohe Standards erfüllt. Das Museum leistet großartige Arbeit.

Doch wie die meisten öffentlichen Institutionen heutzutage muss auch die National Gallery nicht bloß ihre Arbeit tun, sondern darüber hinaus beweisen, dass sie ihre Arbeit tut. Diese Verpflichtung ist so selbsterfüllend wie selbstzerstörend. Die herrschende Lehre behauptet, dass öffentliche Bedienstete ihre Arbeit nur dann so gut wie möglich erledigen, wenn sie beweisen müssen, dass sie ihre Arbeit so gut wie möglich erledigen. Diese Beweisführung jedoch erfordert Zeit, und die Zeit, die man mit dem Abfassen von jährlichen Berichten und Projektplänen verbringt, die wiederum beweisen sollen, dass man seine Arbeit macht, geht von der Zeit ab, in der man sonst seine Arbeit macht … und so wird gewährleistet, dass die Institution dann tatsächlich viel weniger effizient arbeitet, als es sonst der Fall wäre. Und genau das wollte das Finanzministerium ja von Anfang an beweisen. Jede öffentliche Einrichtung ist inzwischen darauf verpflichtet, in diesem sinnlosen Karussell der Zeitverschwendung mitzufahren.

Notwendiger Bestandteil dieses Karussells ist eine weitere Fehleinschätzung, nämlich die, dass alles messbar ist und dass man mithilfe von Fragebögen und dergleichen beurteilen kann, was die Besucher aus dem Museum mitnehmen. Vielleicht stimmt das zu zwanzig Prozent, und vielleicht sind zwanzig Prozent dieser angeblich effizienzsteigernden Maßnahmen wirksam und die stundenlange

Mühe des Ausfüllens und Auswertens von Formularen wert. Ja sicher, man kann von einem Fragebogen ablesen, wie schnell der Service im Café arbeitet oder wie sauber die Toiletten sind, aber man kann nicht oft genug wiederholen, dass das Herzstück des Museumserlebnisses, die Erfahrung, die ein Mensch vor einem Kunstwerk macht, nicht gemessen werden kann und oft genug sogar dem Erlebenden selbst ein Rätsel bleibt.

Einen weiteren Beitrag zur Lage leistet das Fehlurteil, dass die Menschen immer genau wüssten, was sie von der National Gallery wollen. Es ist überhaupt nicht herablassend, wenn man behauptet, dass sie das nicht wissen. Wären die meisten Besucher hier so zielstrebig, dass sie nur hereinkämen, um sich Bilder anzugucken, wäre das Museum viel leerer.

In Wahrheit kommen die Leute aus allen möglichen Gründen herein; manche bloß, um die Füße ein wenig zu entlasten oder um vor dem Regen zu flüchten, vielleicht auch um sich Kunst anzuschauen oder um sich andere Leute anzuschauen, die sich Kunst anschauen. Und man hofft, man vertraut

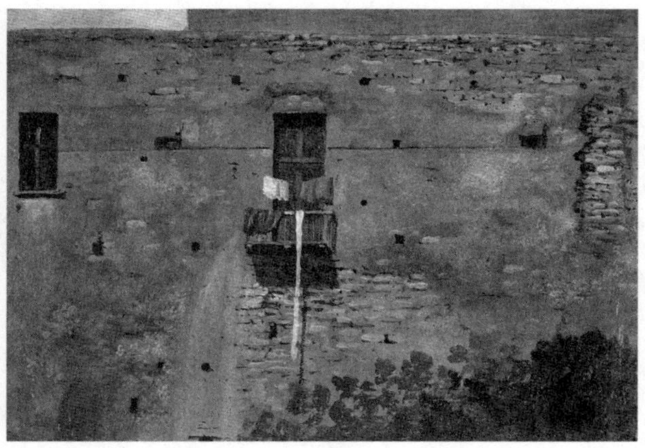

Thomas Jones: Mauer in Neapel (circa 1782)

darauf, dass die Bilder sie dennoch irgendwie erreichen und dass sie etwas mitnehmen werden, was sie nicht erwartet haben und nicht vorhersehen konnten.

Ich schließe also mit einem Besucher, der vom Einkauf ermüdet ist, oder einer Besucherin, die von der Arbeit kommt und eine halbe Stunde Zeit hat, bevor sie in Charing Cross in den Pendlerzug steigen muss. Sie bewegen sich vielleicht in der Nähe des Eingangs und gucken sich gar nichts Bestimmtes an, da stoßen sie auf das Bild einiger Handtücher, die 1782 zum Trocknen an einem Balkon in Neapel hängen. Es wurde von Thomas Jones gemalt und lässt sich kaum ein Bild nennen, es ist eher der Ausschnitt eines Gebäudes, etwas, das man aus dem Augenwinkel sieht. Und vielleicht sieht es auch unsere müde Pendlerin so. Doch ich habe großes Vertrauen in die Fähigkeiten des Augenwinkels und zitiere darum noch einmal den bereits erwähnten Satz von E.M. Forster: »Nur was man nebenbei sieht, sinkt tief ein.«

DIE QUAL DER WAHL

Vier Gemälde für Schulen

Als ich Ende der vierziger Jahre zur Schule ging, hingen dort zwei Sorten von Gemälden an den Wänden. Die meisten Klassenräume beherbergten ein paar Bilder, die kaum über Hochlandrinder-Kitsch hinausgingen. Die City Art Gallery hatte sie aussortiert und an die Schulbehörde weitergereicht, die sie dann auf die Schulen verteilte. Diese uninspirierten Leinwände sorgten weniger für eine gesteigerte Wertschätzung der Kunst, sondern dafür, dass wir unsere Fähigkeiten mit dem Dartpfeil verbesserten. Gelegentlich gab es aber noch eine andere Kategorie Bilder zu sehen: auf Holz reproduzierte Werke britischer Maler der Moderne – Eric Ravilious, Paul Nash, Henry Moore, Victor Pasmore. Diese Reproduktionen wurden von Shell herausgegeben, glaube ich, und treten immer noch gelegentlich bei Auktionen in Erscheinung, wenn auch nicht unbedingt bei Sotheby's. Dass ich britische Malerei der Vierziger und Fünfziger immer gemocht habe und mich dazu auch gar nicht überwinden musste, führe ich zum Teil auf die frühe Begegnung mit diesen gut ausgewählten Drucken zurück. Es liegt also an meiner eigenen, größtenteils unbewussten Erfahrung, dass ich diese Initiative der Supermarktkette Sainsbury's freudig begrüße, bei der jedes Jahr vier ausgesuchte Gemälde gedruckt, gerahmt und inklusive Informationsmaterial an Schulen in der Nähe von Sainsbury's-Märkten gesandt werden sollen.

Bei der Aufgabe, aus sämtlichen britischen Museen vier Bilder auszuwählen, fühlt man sich ganz ähnlich, nehme ich an, wie die Kandidaten dieser grässlichen Fernsehshow, die einen Einkaufswagen bekommen und dann durch einen Supermarkt rennen und ihn so voll wie möglich laden sollen. Hektisch hetzen sie zwischen Dosenpfirsichen und Hundefutter hin und her und haben am Ende viel mehr Haushaltsreiniger eingepackt, als ein vernünftiger Mensch jemals verbrauchen könnte. Der Supermarkt, in dem das stattfindet – muss ich rasch anfügen –, ist selbstverständlich kein Sainsbury's.

Als Mitglied ihres Stiftungsrates war ich natürlich entschlossen, ein Gemälde aus der National Gallery auszuwählen, und ursprünglich wollte ich *Der barmherzige Samariter* von Jacopo Bassano vorschlagen. Das mag angesichts seiner spektakulären Nachbarn wie Veroneses *Familie des Darius vor Alexander dem Großen* oder Tizians *Bacchus und Ariadne* nach einer eher faden Entscheidung aussehen. Und tatsächlich ist dieses recht intime Gemälde auch für Bassano selbst eine Ausnahme, denn er hat viel eindrucksvollere Bilder gemalt, von denen ich eines, eine äußerst bewegte *Anbetung der Könige* aus der schottischen Nationalgalerie, ebenfalls in der engeren Auswahl hatte.

Der barmherzige Samariter ist ziemlich zurückgenommen. Wir sehen den Samariter, wie er gerade den Verletzten auf sein Pferd zu heben versucht; die Bewegung wirkt unbeholfen, weil der Mann entweder bewusstlos oder nicht in der Lage ist, seinen Retter zu unterstützen, und diese Anstrengung ist im ganzen Bild spürbar. Im Hintergrund machen sich der Priester und der Levit davon, die sich beide entschieden haben, den Verletzten zu übersehen. In der Ferne sehen wir die Stadt, wo der Samariter dem Mann eine Unterkunft bezahlen wird, bis er wieder genesen ist, und die wohl der Heimatstadt des Malers nachempfunden ist: Bassano bei Venedig.

So viele Gemälde in den Museen sind von schönen und perfekt proportionierten Figuren bevölkert, dass es eine Wohltat ist, ein Bild aus dieser Zeit zu finden (Mitte des 16. Jahrhunderts), das so vollkommen gewöhnliche Gestalten zeigt. Dies sind keine Götter, nicht einmal Athleten: bloß ein Mann mittleren Alters mit beginnender Glatze, der einem anderen hilft; ihre Körper sind abgenutzt und schlaff, sie haben die besten Tage hinter sich. Mir schien, als könnten Kinder daraus etwas lernen – ganz abgesehen natürlich von der Bedeutung des Gleichnisses selbst und insbesondere der Tatsache, dass man auf die Samariter zu ihrer Zeit verächtlich herabsah. Das wiederum betont den Gegensatz zwischen dem Priester und dem Leviten – die ja hätten helfen sollen, wenn sie ihren Glauben ernst genommen hätten – und dem Außenseiter, der tatsächlich geholfen hat. Das ist so, als hätten Sie eine Panne auf der Autobahn, und der Einzige, der anhält und Ihnen hilft, ist einer von den Hell's Angels.

Nachdem ich also beschlossen hatte, dass dies eines meiner Bilder werden sollte, sagte man mir, dass es sich nicht gut reproduzieren ließe, und ich musste mich nach etwas anderem umsehen.

Eine naheliegende Wahl war die spektakuläre Darstellung von Erzengel Michael, der über den in Gestalt eines Drachen auftretenden Teufel triumphiert, ein Bild des spanischen Malers Bartolomé Bermejo, das von der National Gallery vor ein paar Jahren erworben wurde. Wohin man auf diesem Gemälde auch schaut, überall gibt es etwas Begeisterndes zu sehen: ganz besonders natürlich der lebhafte und vielmäulige Dämon – sogar an den Ellbogen hat er Mäuler voller Zähne. Das Antlitz des Erzengels wirkt ein wenig milchgesichtig, doch dafür entschädigt die herrliche Rüstung, vor allem die Spiegelung im Brustharnisch, die angeblich das Neue Jerusalem darstellen soll, aber auch sehr nach dem All Souls College in Oxford aussieht. Ich entschied mich also für dieses Bild und freute mich insgeheim schon auf die zigste Pappmaché-Version des Dämons – mit oder ohne Eierkarton –, welche die Kinder unweigerlich basteln würden. Aber mein Plan wurde wieder vereitelt. Das Gemälde ist sehr schmal und hoch, und man sagte mir, es ließe sich nur schwer ohne einen sehr breiten weißen Rand reproduzieren – und da ich weiße Ränder nicht ausstehen kann, musste ich weitersuchen.

Meine Wahl fiel schließlich auf *Die Anbetung der Heiligen Drei Könige* von Jan Gossaert, auch Mabuse genannt, das im Saal 12 der Gallery hängt. Auf diesem Bild ist so viel los, dass man kaum alles aufnehmen kann: unten die Heilige Familie, umringt von reichen Besuchern und deren Bediensteten sowie zahlreichen Schaulustigen, oben am Himmel schwirrt ein ganzes Geschwader von Engeln umher. Jedes Detail ist fein herausgearbeitet, jeder Teil des Bildes scharf – weshalb es auch so überfüllt und verwirrend wirkt. Caspar überreicht dem Christuskind einen goldenen und mit Goldmünzen gefüllten Kelch. Balthasar zur Linken lässt sich durch eine Inschrift auf der Krone identifizieren, und darunter hat Gossaert seinen eigenen Namen gemalt (und noch einmal auf den Halsschmuck von Balthasars schwarzem Diener). Rechts wartet Melchior, der seine Gabe etwas riskant auf der kraftlosen Hand balanciert. So detailliert ist das alles gemalt, dass man die einzelnen Haare erkennen kann, die aus dem Leberfleck auf Caspars Wange wachsen. Über der Szenerie, in einer höheren Ordnung der Dinge, drängen sich die Engel am Himmel, an dem auch noch jener Stern leuchtet, der die Weisen zur Krippe geführt hat. Eine Taube, die den Heiligen Geist symbolisiert, senkt sich aus dem Stern herab.

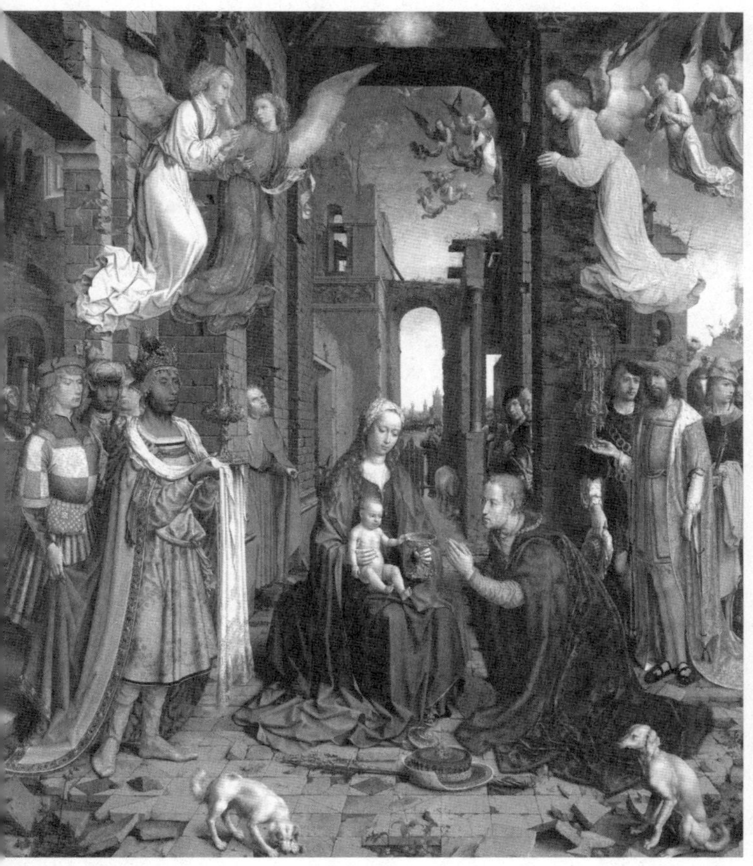

Jan Gossaert: Die Anbetung der Heiligen Drei Könige (1510–1515)

Gossaert stammte aus der Nähe von Antwerpen und malte in der ersten Hälfte des 16. Jahrhunderts. Dieses Werk entstand um 1510 als Altarbild für die Abtei Geraardsbergen in Flandern. Irgendwo auf dem Bild haben die Restauratoren der National Gallery Gossaerts eigene Fingerabdrücke gefunden.

Das Gemälde schreit geradezu danach, als Adventskalender verwendet zu werden, obwohl es gar nicht genug Fenster gäbe, um all die wundervollen Einzelheiten zu zeigen. Dennoch habe ich immer das Gefühl, dass das Christentum mit der Anbetung der Könige den ersten Schritt in die falsche Richtung macht. Diese unverlangte Ausstellung des materiellen Reichtums und die Fülle von Geschenken, so symbolisch sie auch gemeint sind, geben doch einen Vorgeschmack auf den Überfluss und die Weltlichkeit, von denen sich die Kirche des Mittelalters verlocken ließ. Und auch wenn die Jungfrau Maria, stets die vollkommene Gastgeberin, alles sehr unaufgeregt hinnimmt, sogar den Kelch voller Münzen, der ihr in diesem Bild von Caspar dargeboten wird, so verheißt die Szene doch nichts Gutes für die Zukunft.

Wie bei den Darstellungen der Anbetung üblich, sind es vor allem die Tiere, die richtig liegen – obwohl sie, wie hier, kaum in Erscheinung treten, sondern von den Königen und ihrem arroganten Gefolge beiseite gedrängt werden: Der junge Mann am linken Bildrand beispielsweise ist geradezu der Inbegriff des hochnäsigen Langweilers. Auf Bassanos *Anbetung* bekommen die Tiere kaum die Nasen ins Bild. Hier haben sie es immerhin ein bisschen besser, der Ochse leistet Gossaert selbst Gesellschaft, der ebenfalls gut versteckt in sein eigenes Gemälde hineinlugt. Der Esel hingegen hält sich im Hintergrund, wo die Gaffer über einen baufälligen Zaun spähen. Die Hunde sind eben Hunde und deshalb näher dran als Ochs und Esel. Sie sehen wie ziemlich edle Hunde aus und gehören wahrscheinlich zum Tross der Könige, schließlich können sie beide einen erstklassigen Stammbaum vorweisen: Der linke Hund stammt aus Martin Schongauers Kupferstich der *Anbetung,* der rechte aus Dürers Kupferstich *Der heilige Eustachius.*

Die Figur des Josef und die Lage, in der er sich befindet, haben mich schon immer interessiert – auch weil er bis zum Ende des 16. Jahrhunderts auf Gemälden meist in den Hintergrund treten muss, vor allem auf Darstellungen der Anbetung durch die heiligen drei Könige. Oft ist er so weit nach hinten gerückt, dass man sich fragt, ob seine ohnehin mehrdeutige Rolle in der Heiligen Familie nicht noch undurchsichtiger wird, wenn er stets das Rampenlicht meidet. Das muss wirklich verwirrend gewesen sein. Man kann sich einen Dialog unter den drei Königen vorstellen:

»Wer ist denn der grauhaarige Kerl?«

»Das ist der *Ehemann.*«

»Oh mein Gott!«

So war es sicher oft für Josef, und es wurde auch dadurch nicht besser, dass man ihn immer als Mann fortgeschrittenen Alters darstellte. Das könnte daran liegen, dass er im Neuen Testament nach der Episode des zwölfjährigen Jesus im Tempel nicht mehr erwähnt wird und man daher annimmt, er müsse gestorben sein, ehe Jesus zu predigen begann.

Und selbst wenn Josef nicht als alter Mann gemalt wird, so ist er doch häufig eine so jämmerliche und exzentrische Gestalt, dass er damit beinahe Maria in Misskredit bringt, die ihn sich ja überhaupt erst ausgesucht hat. Doch ich nehme an, ihn als Alten oder als ein bisschen vertrottelt zu zeigen, soll die Lehre von der jungfräulichen Geburt untermauern. In gewisser Weise sind Josef schließlich vom Heiligen Geist Hörner aufgesetzt worden, und dieser Gedanke lässt sich vielleicht leichter vermitteln, wenn er die bekannte Rolle des älteren und etwas närrischen Ehemannes einer viel jüngeren Frau ausfüllt. Tatsächlich wurde er in manchen Mysterienspielen ganz offen als Hahnrei dargestellt.

Das ist ein bisschen unfair, und man möchte meinen, dass er allein deswegen zu Recht ein Heiliger ist, weil er einer sein musste, um stets bereitwillig die zweite Geige zu spielen. Im Showbusiness begegnet einem gelegentlich eine ähnliche Konstellation: die berühmte Schauspielerin mit dem liebevoll unterstützenden Gatten. Josef musste seinen Job als Zimmermann zwar nicht direkt der Karriere seiner Frau opfern, aber er ist in dieser Ehe eindeutig die Nummer zwei, sozusagen eine männliche Gattin.

Auch in Gossaerts *Anbetung* tritt er wie üblich zurück, doch es ist erfreulich, wenn man gelegentlich auf ein Gemälde stößt, wo er das nicht muss, wo die heiligen drei Könige ihm auf anständige Weise ihre Reverenz erweisen. Es gibt zum Beispiel eine *Anbetung* von Giovanni di Paolo in der Sammlung Linksy, im New Yorker Metropolitan Museum, auf der einer der drei Könige den Arm um Josefs Schulter gelegt hat und seine Hand hält, als würde er sagen: »Ach ja, ich weiß, wie das ist, mitten in der Nacht geweckt zu werden. Ich habe selbst Kinder.« Auch schön zu sehen, wenn Josef, der das Baby so selten halten darf, auf einem Bild im Pariser Stundenbuch des René von Anjou hilft, das Kind zu baden, oder in einem anderen Stundenbuch des 15. Jahrhunderts aus Besançon am Feuer sitzt und Jesu Windel lüftet.

Wenn ein Kind sich die außergewöhnlichen Geschenke anschaut, die von den drei Königen überreicht werden, mag es sich wohl fragen, was mit ihnen geschehen ist, als Jesus älter wurde. Von der Myrrhe wird traditionell behauptet, dass sie nach der Kreuzigung zum Einbalsamieren des Leichnams Jesu verwendet wurde. Aber was wurde aus dem Kelch? Deutet der voraus auf den Kelch, aus dem Jesus beim letzten Abendmahl trank? Haben

Maria und Josef ihn jemals aus dem Regal genommen, ihn aus dem Tuch gewickelt, in dem er aufbewahrt wurde, und an jene erstaunliche Zeit zurückgedacht, als Könige samt Gefolge ihnen ihre Aufwartung machten und ihr Lager vor ihrem Stall aufschlugen? Der ist in Gossaerts Bild gar kein Stall, sondern ein verfallener Palast. Der ruinöse Bau soll die Lehren des Alten Testaments symbolisieren, die Christus überwinden und von Grund auf erneuern und dadurch seinen eigenen Tempel bauen wird.

Die Maler diese Epoche bekommen das Neugeborene nie richtig hin. Es ist immer viel zu groß, wie auch hier, und sieht oft so aus, als wisse es genau, was los ist. Das Problem für den Maler ist dabei, dass das Christuskind, wenn es die Menschwerdung Gottes sein soll, tatsächlich wüsste, was los ist, und wie sollte man das darstellen? So gut wie alle Babys – mal spindeldürr, mal fett – auf alten Darstellungen der Geburt Christi würden Anlass zur Besorgnis bieten, wenn man sie heutzutage in eine Kinderklinik brächte. Ein Kinderarzt müsste Maria wohl ein paar eindringliche Fragen stellen.

Die National Gallery ist besonders reich an Werken Gossaerts, die mir nicht alle gefallen, doch keines seiner Gemälde ist derartig spektakulär wie die *Anbetung*. Kürzlich hinzugekommen ist *Jungfrau und Kind*, das man bisher für eine Kopie aus dem 17. Jahrhundert gehalten hatte, aber nach einer gründlichen Reinigung zeigte sich, dass es sich um das echte Werk handelte. Bemerkenswert finde ich daran eine Besonderheit: Wenn man vom Eingang zu Saal 12 über die Schulter zurückschaut, ist die Illusion der Dreidimensionalität so stark, dass die Jungfrau wie eine Wachsfigur wirkt. Es ist genauso verblüffend wie der anamorphotische Totenschädel in Holbeins *Die Gesandten* oder die Perspektiv-

Tricks in Samuel van Hoogstratens Guckkasten. Als Gemälde jedoch mag ich es nicht besonders, denn es sieht aus, als stünde der Thron der Jungfrau in einem viktorianischen Kamin.

Gleich neben Gossaerts *Anbetung* hängt *Mann, 38 Jahre alt* von Lucas van Leyden, gemalt um 1521. Das Alter des Porträtierten ist auf der Schriftrolle zu lesen, die er in der Hand hält, und angesichts seiner etwas trübseligen Miene wäre es witzig, wenn dort 40 statt 38 stünde. Es fällt mir schwer zu erklären, wieso ich dieses Bild so gern mag. Es liegt ein wenig an der Strenge, die an einige frühe Porträts von Lucian Freud denken lässt, und das Modell erinnert mich an Max von Sydow in *Das siebente Siegel.* Wenn ich durch Saal 12 gehe, schaue ich immer kurz auf dieses Bild, als wäre es ein Freund. Viel mehr habe ich darüber tatsächlich nicht zu sagen, und ich könnte es nicht als eines meiner vier Bilder auswählen, weil es ebenfalls eher fade wirken dürfte. Aber ich mag es wirklich gerne und finde, es erinnert daran – was nicht allen Kunsthistorikern gefallen dürfte –, dass sich über manche Gemälde einfach nicht viel sagen lässt.

In eine ähnliche Kategorie – ein Bild, das ich hinreißend finde, über das ich aber nicht viel zu sagen weiß – fällt John Sell Cotmans *Greta Bridge,* ein Aquarell im British Museum. Ich bin mit Cotman groß geworden, will sagen, es gibt eine umfangreiche Sammlung seiner Werke in Leeds. Der größte Teil wurde dem Museum von Sydney Kitson überlassen, der den Künstler so sehr mochte, dass man ihm nachsagte, an Cotmanie zu leiden. Meiner Ansicht nach absolut verständlich, denn ich habe noch keinen Cotman gesehen, der mir nicht gefallen hätte. Aber das sagt auch schon alles. Sicher, man könnte etwas über die Greta Bridge selbst erzählen, die eine dramatische Geschichte hat und, als ich klein war, das Thema einer Serie in der *Children's Hour* im Radioprogramm der BBC war. Doch nichts, was ich sagen könnte, würde der Anziehungskraft des Bildes viel hinzufügen, und wenn es nichts zu sagen gibt, sollte man auch so vernünftig sein, es zu lassen.

Meine zweite Wahl, *Hambletonian, Rubbing Down,* wurde 1800 von George Stubbs gemalt. Es hängt in Mount Stewart, einem Anwesen im Besitz des National Trust in Nordirland. Hambletonian war eines in einer Reihe von erfolgreichen Rennpferden, die Sir Henry Vane-Tempest gehörten, einem Gutsbesitzer aus dem County Durham. Das Pferd hatte bereits einige bedeutende Rennen gewonnen, als es 1799 in Newmarket gegen seinen hoch eingeschätzten Rivalen Diamond antrat. Das Rennen über sechstausendfünfhundert Meter verlief außerordentlich dramatisch, beide Pferde wurden mit Peitsche und Sporen brutal angetrieben, bis Hambletonian schließlich, obwohl völlig erschöpft, noch an Diamond vorbeiziehen und das Rennen mit einer halben Halslänge Vorsprung gewinnen konnte. Er gewann zwar noch weitere Rennen, doch von dieser Tortur erholte sich der Hengst nie wieder ganz, und

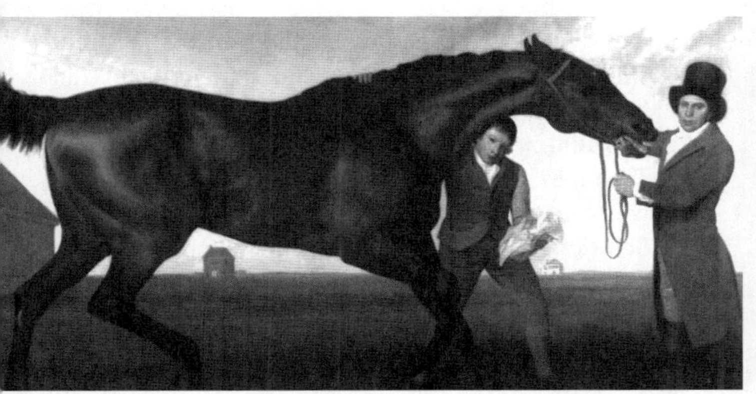

George Stubbs: Hambletonian, Rubbing Down (1799/1800)

schließlich durfte er nach einigen Jahren Zucht zur Altersruhe nach Wynyard Park im County Durham zurückkehren, wo er unter einer stattlichen Eiche begraben liegt.

Stubbs war schon ein alter Mann von 75 Jahren, als er Hambletonian malte. Es ist eines seiner letzten Bilder, doch seine Zeichnungen von Knochenbau und Muskeln der Pferde aus den vorhergehenden Jahren zeigen, dass er Pferde buchstäblich in- und auswendig kannte. Lange Zeit war das seinem Ruf nicht zuträglich, denn er galt vor allem als Tiermaler. Erst in den letzten dreißig Jahren fand er allmählich Anerkennung als einer der größten englischen Maler, und ein Meilenstein dieser Entwicklung war die Ausstellung in der Tate Gallery im Jahr 1985, kuratiert von Judy Egerton, aus deren großartigem Katalog ich die meisten meiner Bemerkungen hier abgeschrieben habe.

Der Hintergrund von Stubbs' Gemälde verweist auf den Schauplatz von Hambletonians Triumph, denn wir sehen die Pavillons und den Zielpfosten des Kurses, auf dem sein berühmtes Rennen ausgetragen wurde. Es fehlt jedoch jeder Hinweis auf den bemitleidenswerten Zustand, in dem sich das Pferd nach Rennende befunden haben muss, keine Striemen von der Peitsche, kein Blut von den Sporen. Und auch der Stallmeister und sein Bursche, die das Pferd betreuen, zeigen keinerlei Gefühlsregung. Das Bild zeigt offensichtlich nicht »Hambletonians Triumph«, was sich der Besitzer womöglich gewünscht hatte. Stubbs hatte jedenfalls große Schwierigkeiten, das Honorar für seinen Auftrag zu bekommen.

Sowohl der Stallmeister als auch sein Bursche sehen sehr ernst und beherrscht aus. Sie sind zwar Bedienstete des Pferdebesitzers, doch sie wirken ganz und gar nicht unterwürfig, eher sind ihnen die

Betrachter so gleichgültig, dass es schon an Arroganz grenzt. Der Grund mag sein, dass sie Fähigkeiten besitzen, über die wir nicht verfügen. Sie kennen sich mit Pferden aus, und ganz besonders mit diesem Pferd, und sie schauen auf uns Zuschauer herab, weil wir keine Ahnung haben. Platzwarte und Trainer haben eine ähnliche Einstellung dem Publikum gegenüber: Sie sind Profis – wir sind bloß Fans.

Ich bin nicht sicher, ob Stubbs den Arm des Stallburschen länger als menschenmöglich gemacht hat, damit er über den Hals des Pferdes reichen kann. Man würde die Szene gern aus der Gegenrichtung sehen, um sicherzugehen. Aber Sie müssen wissen, dass ich kein Experte auf diesem Gebiet bin. Als Junge versagte ich regelmäßig beim Pferdezeichnen und glaubte immer, dass die anderen Kinder, die es konnten, so etwas wie magische Kräfte besitzen mussten. Damals hatten wir natürlich noch mehr Pferde um uns herum (allerdings keine wie Hambletonian). Kohlen wurden mit dem Pferdekarren geliefert, Milch ebenso, und als ich während des Krieges aufs Land verschickt war, fuhr ich – auch wenn ich das heute kaum noch glauben kann – ebenfalls mit dem Pferdewagen nach Ripon zum Markt. Andererseits bin ich noch nie bei einem Pferderennen gewesen.

Stubbs wurde in Liverpool geboren und wuchs auch dort auf, zog dann nach York und dann weiter in eine Gegend, die noch abgelegener war als der Wohnort seines Zeitgenossen, des Geistlichen Sydney Smith, der sich beklagt hatte, er sei der Zivilisation so fern, dass zwanzig Meilen zwischen ihm und einer Zitrone lägen. Die Abwesenheit von Zitronen dürfte Stubbs kaum gestört haben, als er sich in ein Bauernhaus bei Hawkstow im nördlichen Lincolnshire zurückzog und dort Pferdekadaver sezierte und zeichnete, von denen er erst abließ, wenn der Gestank unerträglich wurde.

Mein drittes Bild ist *Isabella* von Sir John Everett Millais, das 1849 entstand und heute in der Walker Art Gallery in Liverpool hängt. Millais' Gemälde ist inspiriert von Keats' Gedicht *Isabella, oder der Basilikumtopf,* der Nacherzählung einer Boccaccio-Novelle. Lorenzo ist in Isabella verliebt, die Tochter seines Herrn, was den Groll ihrer drei Brüder heraufbeschwört, die ihn in den Wald locken und ermorden und Isabella glauben machen, Lorenzo habe sie verlassen. Doch Lorenzo erscheint ihr daraufhin im Traum und verrät ihr, wo sein Grab im Wald zu finden ist: Sie gräbt ihn aus, nimmt seinen Kopf mit nach Hause und bewahrt ihn in einem Topf auf ihrer Fensterbank auf, in dem sie Kräuter zieht.

Eine makabre Erzählung, die auf Millais' Gemälde gerade erst ihren Anfang nimmt: Lorenzo reicht Isabella eine Orangenhälfte, während ihre Brüder sie beobachten. Der roheste der drei reizt den Hund seiner Schwester mit dem Fuß, während der älteste

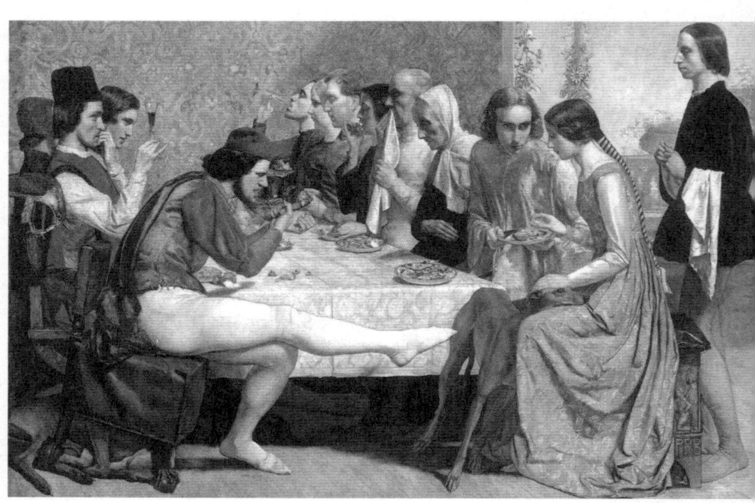

John Everett Millais: Isabella (1848/1849)

Bruder so aussieht, als schmiede er schon Pläne, wie er den Emporkömmling loswerden könnte. Auf der Fensterbank verweist ein Kräutertopf bereits auf das grässliche Ende der Geschichte. Die meisten Menschen auf dem Bild, sogar die unsympathischen Brüder, sind Porträts von Freunden und Verwandten Millais'. In dem alten Mann zum Beispiel, der sich so anmutig die Lippen mit der Serviette abtupft (eine Geste, die ich bisher immer mit nordenglischen Damen in Teestuben assoziiert hatte), ist Millais' Vater porträtiert.

Viele Gemälde der Präraffaeliten, darunter auch dieses, finde ich in gewisser Weise verstörend oder bedrohlich, denn sie sind mit Figuren bevölkert, die verängstigt oder verflucht wirken, so wie der Blumenhändler auf Ford Madox Browns Bild *Arbeit* oder der Kellnerjunge im selben Werk oder der junge Johannes der Täufer in Millais' *Christus im Haus seiner Eltern*. Sie alle sehen so aus, als würde bald etwas Furchtbares geschehen, was in Lorenzos Fall die schlichte Wahrheit ist.

Auf der einen Seite des Tisches sitzen die Brüder, drei bei Boccaccio, zwei bei Keats, und bei Millais könnten es zwei oder drei sein – der weiter hinten sitzende junge Mann sieht weniger bösartig aus als die anderen beiden. Es ist eine sehr gewollte Gegenüberstellung von Brüdern und Liebespaar, aber auch eine etwas ungeschickte, denn der Rest der Festgesellschaft muss deswegen auf der anderen Tischseite zusammenrücken – die nüchterne Kleidung der Figuren deutet allerdings darauf hin, dass es sich ohnehin um niedere Angehörige des Haushalts handelt, die keinen Anspruch auf allzu großen Komfort haben. Nebenbei bemerkt, sind die Hunde diesmal in keiner besonders erfreulichen Lage: Der eine wird vom tastenden Fuß geärgert, und dem anderen wird wahrscheinlich Pfote oder Schwanz eingeklemmt, wenn der schreckliche Bruder gleich seinen Stuhl zurückkippen lässt.

Ich vermute, die Brüder würden sich damit verteidigen, dass sie sich nur um die Keuschheit ihrer Schwester sorgen, doch das nehme ich ihnen nicht ab, denn das Pflichtgefühl der Brüder, die Reinheit ihrer Schwester bewahren zu müssen, hat mehr mit ihrem eigenen frustrierten Begehren zu tun als mit Sorgen um die Moral. Außerdem wollen sie nicht, dass Isabella Lorenzo heiratet, so tüchtig er auch sein mag, weil es ihr bestimmt ist, einen Adeligen zu ehelichen und damit die gesellschaftliche Stellung der Familie zu verbessern. Dieser Aspekt sowie die Handelsaktivitäten der Familie werden bei Keats in den Vordergrund gerückt, und Millais war sich dessen auch sehr bewusst.

Das Gemälde gehörte ursprünglich zu einer von Millais und William Holman Hunt im ersten Überschwang der präraffaelitischen Bruderschaft geplanten Serie von Radierungen, und es gibt auch noch eine Zeichnung von Holman Hunt mit dem Titel *Lorenzo beaufsichtigt das Lagerhaus der Brüder,* das die gleiche Tendenz verfolgt. Das Akronym der Bruderschaft (PRB) ist übrigens an Isabellas Hocker zu lesen. Millais war noch keine zwanzig, als er das Bild malte, und die technische Vollkommenheit ist erstaunlich. Ford Madox Brown meinte, die Modellierung der Serviette, die der Diener rechts über dem Arm trägt, sei die größte Leistung des Gemäldes.

Es wurde im Mai 1849 an der Akademie ausgestellt und für 150 Pfund an drei Schneider aus der Bond Street verkauft, die gerade in den Kunsthandel einstiegen. Die Schneider handelten Millais' ursprünglichen Preis noch herunter, legten dafür aber einen maßgeschneiderten Anzug drauf. Den Leuten missfiel das Gemälde jedoch so sehr, dass sie es für den Einkaufspreis von 150 Pfund wieder abstoßen und den Anzug als Verlust verbuchen mussten. Von dort ging das Werk durch ein oder zwei Paar Hände und landete schon 1884 in der Walker Art Gallery.

Was mir von diesem Bild immer im Gedächtnis bleibt, ist das herrliche, schreckliche Bein des Rohlings, arrogant, perfekt proportioniert und mit bösen Absichten. Hier reizt es den Windhund, heute könnte es flegelhaft im Bus quer über den Gang gestreckt sein oder im Zug auf einem freien Platz liegen, ein Hindernis, das man überwinden muss (hinübersteigen oder um Entfernung bitten), wenn man seine Selbstachtung bewahren will.

Es ist das Bein eines Balletttänzers – Nurejews Bein, wenn Sie wollen. Ich habe Nurejew nur einmal tanzen sehen, in *Manon* im Covent Garden. Sein Partner war Anthony Dowell, der viel zarter gebaut ist. An Nurejew war nichts Zartes. Er hatte Beine – wie dieses Bein auf dem Bild –, die weniger Beine als die Hinterhände eines Pferdes waren. Nurejew wurde oft mit Nijinsky verglichen, und der Vergleich liegt nahe. Er war wie Nijinsky, aber nicht wie der Tänzer, sondern wie Nijinsky, das Wunderpferd.

Das letzte meiner vier Gemälde stammt aus der Art Gallery in Aberdeen – die eine außerordentlich gute Sammlung britischer Malerei der Moderne besitzt, aus der ich eigentlich Eric Ravilious' *Zuglandschaft* auswählen wollte. Dieses Aquarell erinnert mich an alle Zugreisen, die mir noch vor Augen stehen, vor allem die in meiner Jugend und während meines Militärdienstes, als man das ländliche Großbritannien noch per Bahn erkunden konnte, womit Dr. Richard Beechings dumme Streckenstilllegungen ein Ende gemacht haben. Doch dann musste ich erfahren, dass mir jemand zuvorgekommen war und dass gerade dieses Bild von Ravilious bereits am Sainsbury's-Schulprogramm teilgenommen hatte. Aberdeen besitzt natürlich noch weitere, was auch ganz passend ist, denn Ravilious hat viel im schottischen Norden gearbeitet. Er war Kriegsmaler und malte die Schiffskonvois, die in der Bucht Scapa Flow lagen und darauf warteten, die strapaziöse Fahrt nach Murmansk anzutreten. Auf einer dieser Fahrten kam Ravilious selbst ums Leben, vor der Küste Islands im Jahr 1942.

Ich mag zwei andere Bilder von ihm sehr gern, nämlich *Schlafzimmer im Bauernhaus* von 1939, das im Victoria & Albert Museum hängt, und eine englische Vorkriegsansicht namens *Tee in Furlongs,* Letzteres der Name seines Elternhauses in Sussex. Die Szene wirkt ganz friedlich, doch in ihrer Leere zugleich bedrohlich, und ich finde, das Bild könnte genauso gut »München 1938« heißen. Ich hätte es gern ausgewählt, aber es gehört zu einer Privatsammlung und kommt daher nicht infrage.

Stattdessen habe ich mich für ein anderes Gemälde aus Aberdeen entschieden, eine Strandszene von Stanley Spencer: *Southwold, 1937.* In meiner Kindheit waren Strandurlaube oft eher trübselige Angelegenheiten. Es regnete oder war kalt, und wenn wir uns nicht im Schutz eines Wellenbrechers zusammenkauerten, wie es die Menschen auf dem Bild tun, wanderten wir wahrscheinlich am Strand auf und ab, bis wir wieder in die Pension zurück durften (die zwischen den Mahlzeiten verbotenes Gebiet war). Das war in Morecambe oder Cleveleys an der Nordwestküste. Dieses Bild zeigt zwar Southwold in Suffolk, aber das Meer sieht ganz ähnlich aus. Stanley Spencer beschrieb es, als sei es »von der Farbe schmutzigen Waschwassers … aufgewühlt von den Beinen hausbackener Tanten«, und die Stimmung in Southwold war »geprägt von kleinbürgerlicher Strandflucht«. In Bezug auf das Meer hat er recht, allerdings wirkt Southwold viel behäbiger, als er es beschreibt, da planschen keine

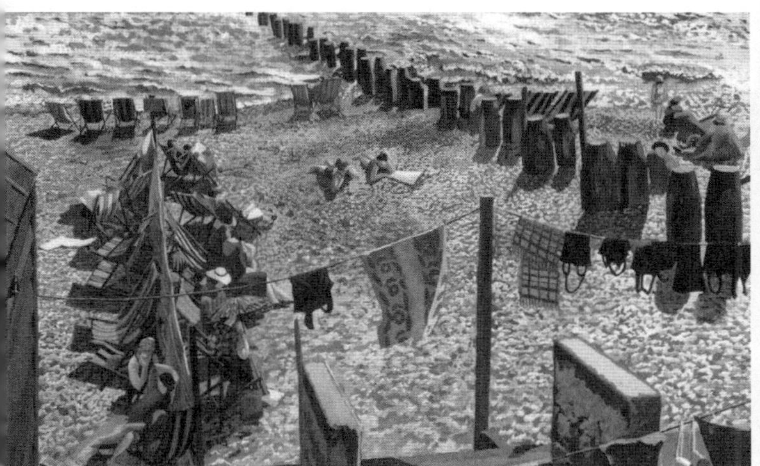

Stanley Spencer: Southwold, 1937

Tanten herum, und es ist auch kaum ein Kind zu sehen. Es ist jedenfalls nicht Blackpool.

Stanley Spencer hat diese reizende, windige Szene »vor dem Krieg« gemalt, wie ich es in Gedanken gern bezeichne, denn zwei Jahre später waren solche Strände abgesperrt, der Sand mit Panzerfallen übersät, und das Meer lag unerreichbar hinter Stacheldrahtrollen. So sah die Küste aus, als ich sie zum ersten Mal erblickte, dieses Gemälde ist für mich also eine Ansicht sorgenfreier Strandferien zwischen den Kriegen.

1925 hatte Spencer in einem Dorf unweit von Southwold seine Frau Hilda geheiratet, doch 1937 war die Ehe bereits zerbrochen, und Spencer kehrte in tiefer seelischer Not nach Southwold zurück. Diese Traurigkeit lässt sich jedoch in dem Bild nirgendwo entdecken; das Malen war für den Künstler ebenso sehr eine Flucht wie der Urlaub für die Menschen in den Liegestühlen.

Stanley Spencer hat nie so sehr den Künstler herausgekehrt wie beispielsweise Augustus John; doch sein eigenwilliger Charakter war seinem beruflichen Leumund gelegentlich abträglich, ähnlich wie bei L.S. Lowry – beide wurden allzu leichtfertig als exzentrische Künstler karikiert. So machen Zeitungen die Kunst gern verdaulich, so stellen sie aus, wie unprätentiös wir Engländer doch sind, aber das ist auch nicht hilfreicher oder informativer als eine Darstellung französischer Kunst, in der der Maler Kittel und Baskenmütze trägt und in einer Mansarde haust. Zweifellos war Spencer exzentrisch. Seine Cousine sagte über ihn, man würde ihm nicht zutrauen, ein Schaf die Straße entlangzutreiben, und für Zeitschriften wie *Picture Post* war er ein Gottesgeschenk – eben trottete er noch durch seinen Wohnort Cookham und schob die Malfarben im Kinderwagen vor sich her, kurz darauf turnte er schon als Kriegsmaler durch die Werften von Glasgow.

Man ist bei Spencers Bildern derart an Allegorien gewöhnt, dass man sich ganz ohne Allegorie – wie in diesem Bild – beinahe etwas unruhig fühlt, so als gehörte das Gemälde vielleicht zu einem größeren Ganzen – »Christus und der wunderbare Fischfang« beispielsweise, mit dem Fischerboot gerade so oberhalb der Leinwand, dass man es nicht mehr sieht. Oder vielleicht ist es auch die »Berufung der Jünger«, und Christus sucht auf der rechten Seite außerhalb des Bildes den Strand ab, während einige dieser grimmig entschlossenen Sonnenanbeter noch gar nicht wissen, dass sie zu den zwölf Aposteln berufen werden sollen. Aber Southwold ist nicht Galiläa, sondern nur ein relativ kultivierter Badeort, der auch heute noch ziemlich viel von seiner Eleganz bewahrt hat.

Ein Wort noch zu den Handtüchern. Ich kenne diese Art Handtuch aus meiner Kindheit, dünn, gerippt, der Flor längst abgerubbelt und gerade noch groß genug für ihren Zweck. Es ist die Sorte Handtuch – kratzig, steif und ohne Komfort –, die Baden-Powell gefallen hätte. Handtücher waren für mich immer deutliche Indikatoren der sozialen Schicht, und das oft übel riechende Handtuch hinter der Küchentür meiner Kindheit wies uns eindeutig unseren gesellschaftlichen Platz zu, wohingegen ein Stapel dicker, flauschiger Handtücher im Wäschetrockenschrank eine Stufe des Luxus anzeigte, die ich nie ganz erklommen habe. Als ich 1962 zum ersten Mal nach Amerika reiste, schickte ich als erstes Geschenk ein paar riesige Badetücher von Bloomingdale's nach Hause, die Sorte Handtücher, die ich immer begehrt hatte. Typischerweise landeten sie bei meinen Eltern nie im Wäschetrockenschrank: Sie ließen sie in der Plastikhülle, weil sie fanden, sie seien zu gut, um sie zu benutzen. Was noch über Handtücher – und Spencers Handtücher im Besonderen – zu sagen wäre: Wenn Kinder früher schwimmen gingen, zum Strand oder weit häufiger ins örtliche Freibad, trugen sie ihr Handtuch zusammengerollt unterm Arm, die Badekleidung darin eingewickelt. Heutzutage tun Kinder das nicht mehr. Warum nicht? Was ist passiert, und wann?

Wenn ich mir die vier Gemälde anschaue, die ich ausgewählt habe, fällt mir auf, dass drei davon mit meiner eigenen Kindheit zu tun haben, am offensichtlichsten der Spencer mit seinen Anklängen an die Vorkriegssommer, an die ich mich nicht erinnern kann, weil ich zu jung war. *Isabella* hat mit der Schule zu tun: Ich hatte erst sehr spät meinen Wachstumsschub, und es stand mir daher dauernd vor Augen, wie groß und kräftig einige meiner Mitschüler waren, weshalb der junge Mann mit dem perfekten Bein sowohl ein Schulhoftyrann, dem man aus dem Weg gehen musste, als auch jemand gewesen wäre, den ich um seinen Körperbau beneidet hätte. Stubbs' *Hambletonian* gehört ebenfalls zu meiner Kindheit und dem ständigen Gefühl, von sportlichen Aktivitäten und dem damit einhergehenden Fachwissen ausgeschlossen zu sein. Nur *Die Anbetung der Heiligen Drei Könige* hat keine Verbindung zu irgendetwas, das ich wiedererkenne oder erinnere, wenngleich es wohl das faszinierendste Gemälde aus der Sicht eines Kindes ist.

Das soll natürlich nicht heißen, dass dies meine »Lieblingsbilder« sind. Listen dieser Art – die hundert besten Gemälde, die hundert besten Klassiker – sind ein albernes Spiel für Zeitungen und Radiosender. Mit Musik lässt es sich natürlich leichter bewerkstelligen, aber ich bin sicher: Wenn man Gemälde durch Punktvergabe in eine Art Rangliste bringen könnte, würden Funk und Fernsehen nicht zögern, das auch zu tun. Wie man also höchst gespannt und mit stockendem Atem darauf warten soll, ob die Arie *Vissi d'arte* womöglich Samuel Barbers *Adagio* von Platz 18 im Klassiker-Countdown verdrängt hat, so sollten wir bei den Gemälden sicher ebenso nach Luft schnappen, wenn wir hören, dass Paris Bordone überraschend auf Platz 47 in die Charts einsteigt.

Wer hätte gedacht, dass man eines Tages bei dem Namen Albinoni entnervt aufseufzt? Gott bewahre, dass Gemälden eine ähnliche Übersättigung widerfährt. Kunst ist kein Wettkampf. Oft ist ihr etwas Verborgenes zu eigen – und so sollte es wahrscheinlich auch sein. Als ich zur Schule ging, war Kunst der leichteste Weg, dem Sportunterricht zu entgehen, und wurde daher abschätzig betrachtet. Heutzutage ist kaum etwas angesehener als die Kunst, was in Ordnung ist, mit der Ausnahme, dass es der Kunst eine Art offiziellen Charakter verleiht.

Alle Meisterwerke sind beredt, aber nicht alle sind verständlich. Und natürlich ist es ganz zu Recht eine der Aufgaben der Kunstgeschichte, das

Kunstwerk verständlich zu machen: seine Vorzüge zu zeigen, uns über seine historischen Hintergründe zu informieren, es in einen Zusammenhang zu stellen. Manche Gemälde müssen erst zum Reden überredet werden, weil sie in Worten vielleicht nur sehr wenig auszudrücken haben. Man kann zum Beispiel nicht sehr viel über Rembrandts Selbstporträts sagen. »Ich bin«, verkünden sie. Oder: »Hier bin ich wieder.« Tatsächlich sind es zwei Stimmen: Rembrandt sagt: »Ich bin«, und das Gemälde sagt ebenfalls: »Ich bin«. Von den Bildern, die ich ausgesucht habe, ist das beredteste und am wenigsten verständliche *Hambletonian, Rubbing Down.* Die National Gallery hat vor Kurzem Stubbs' *Whistlejacket* erworben, auch ein wunderbar beredtes, aber vollkommen unverständliches Gemälde. Und wenn sich auch sehr viel über beide Bilder sagen lässt, geht doch das, was man über ein Kunstwerk sagen kann, nie über das hinaus, was das Kunstwerk selbst sagt.

Manchmal – und ich will damit nicht die Kunstgeschichte abwerten, die ich immer faszinierend fand – kommt es mir vor, als würden Kunsthistoriker den Kunstwerken auflauern, sie bedrängen wie lästige Boulevardreporter, die ein sprachloses Häufchen Elend mit »Wie fühlen Sie sich wirklich?«-Fragen bombardieren und eine unpassende und unzureichende Antwort erzwingen, wenn die befragte Person vernünftigerweise lieber schweigen würde. Und vielleicht zucken manche Gemälde, wenn sie hören, was über sie geredet wird, auch nur die Achseln und lassen ein »Na, wenn Sie das sagen« fallen. Das Lächeln der Mona Lisa ist das Lächeln der Kunst.

DIE WELT IST NIE SO HÜBSCH WIE AUF FOTOS

Kunstreisen, Kunstbetrachtungen

SCHUTT *14. Januar 1987, Luxor*
Mit dem Nachtzug hergekommen, bei Sonnenaufgang aufgewacht, Bauern holpern auf Eselskarren über Wege, daneben die Wände hoher Zuckerrohrpflanzen, und irgendwo hinter den flachen Feldern der Nil. Mit dem Taxi von der Fähre zum Tal der Könige. Erwartet hatte ich, wurde mir später klar, eine Landschaft wie aus *König Salomos Schatzkammer,* doch wie sich herausstellt, ist es nicht viel mehr als ein riesiger Steinbruch, und jede Gestalt und Größe, die es einmal besessen haben mag, wird heute von riesigen Haufen Abraum verdeckt, darunter auch der Aushub der Schächte, die zu den Gräbern hinabführen. Ich tappe pflichtbewusst durch drei oder vier davon, werde aber bald müde. Beeindruckend die Frische der Farben, die dunkelblauen Decken voller Sterne und das Haar der Pharaonen, in winzig kleinen Karos gehauen, heute noch so frisch und scharf wie vor dreitausend Jahren, als sie angefertigt wurden. Trotzdem ein ziemlich weiter Weg, nur um sich das anzuschauen. Außerdem von Unwissen behindert: Luxor ist Theben, aber ist es auch Ödipus' Theben oder Tiresias' »zu Theben unter der Mauer«? Ich weiß es nicht, der Reiseführer verrät es nicht, und selbst wenn es darin stünde, würde das den Ort nicht in meiner Erinnerung verankern. Es ist noch nicht mal neun Uhr, doch schon ist es hier voll mit Reisegruppen, die sich unter wolkenlosem

Himmel ihren Weg über die harten Steinsplitter bahnen. Wonach suchen diese abgestumpften Touristen? Nach einem Aufflackern des Staunens, einem Sinneseindruck oder der Erinnerung an einen Sinneseindruck, den sie einmal hatten, vielleicht als Kinder, als sie die Welt zum ersten Mal anschauten? Ist Tourismus wie Pornografie – sind Erotikfilme genau wie Urlaubsdias eine Suche nach verlorenen Empfindungen? Ich sehe (ein ernsthaftes) Potential für Führungen mit sehr speziellen Themen – das Liebesleben der alten Ägypter zum Beispiel oder Haarmode unter den Pharaonen.

Unser Taxi fährt uns weiter, und wir halten am Rand eines Feldes, um einen Blick auf die Memnonkolosse zu werfen; doch ich bin schon so übersättigt von Altertümern, dass ich dafür nicht einmal aussteige. Diese Statuen sind ohnehin so verunstaltet und als Steinbrüche genutzt worden, dass ihre Köpfe eigentlich bloß noch ein wüster Haufen behauener Steine sind. Die Wirklichkeit wird durch die raffinierten Fotos in den Reiseführern verschleiert; die Welt ist nie so hübsch wie auf Fotos.

MEHR VERMEER *26. April 1996*

Nach Holland zur Vermeer-Ausstellung. Reise nach Delft getrennt vom Rest der Expedition, die einen ganzen Bus füllt. R. hofft, dass die Reisegruppe, zu der prominente Bankiers, Rechtsanwälte und Industrielle gehören, alles Freunde und Förderer der National Gallery, nichtsdestoweniger vom Geist ganz anderer englischer Busreisegruppen auf Auslandstrip gepackt wird und den erschrockenen Bürgern von Den Haag lautstark *»Here we go! Here we go! Ver-meer! Ver-meer!«* entgegengrölt, während die älteren Kunstliebhaber ihre nackten Hinterteile aus den Busfenstern recken. Das ist selbstverständlich nicht passiert.

Da ein großer Teil seines Lebens im Dunkeln liegt, der Inhalt seiner Gemälde hingegen so schlicht und zugänglich ist, dürfte ein Grund für Vermeers Beliebtheit darin liegen, dass er dem Zugriff der Kunsthistoriker entgeht. Expertenwissen bringt einen bei Vermeer nicht weiter. Ein abgelegter Besen oder ein ungeleerter Wäschekorb mögen symbolische Bedeutung haben, aber darum geht es auf dem Bild nicht. Es geht um Frauen und um die Liebe zu Frauen, denn die muss er geliebt haben; die Männer sind demgegenüber größtenteils Einfaltspinsel unterschiedlichen Grades. Die Gemälde sind Wunder des Lichts, aber auch Wunder des Raums, wie zum Beispiel die *Dienstmagd mit Milchkrug,* wo der Raum hinter der aus dem Krug strömenden Milch geradezu greifbar ist. In Gegenwart

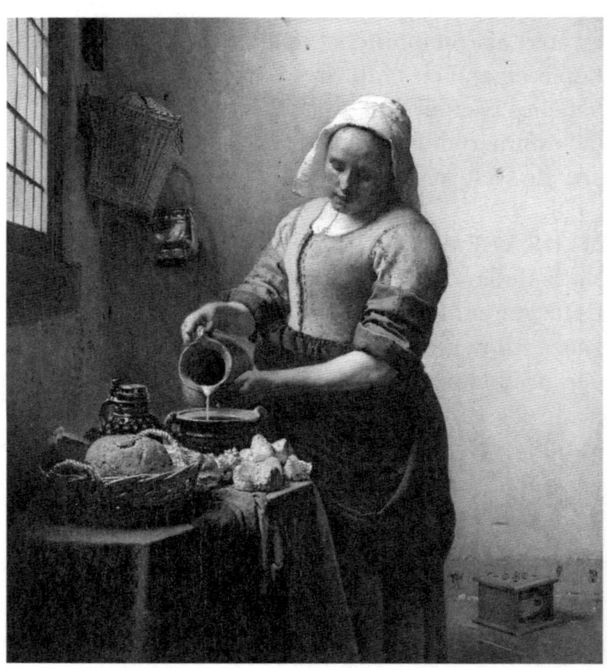

Jan Vermeer: Dienstmagd mit Milchkrug (1660)

großer Gemälde ergreift mich allerdings immer ein Schwindel, wie wenn man auf einer Klippe steht und sich zur Felskante hingezogen fühlt. »Wenn ich jetzt mit der Faust diese Leinwand durchschlage«, denke ich dann, »hätte sich alles unwiederbringlich verändert, und man würde mein ganzes Leben als Vorbereitung auf diese Tat betrachten.«

Die an die Vermeer-Ausstellung angrenzenden Säle enthalten einen Teil der Dauerausstellung des Mauritshuis, und wenn man aus der Gegenwart dieser wenigen schlichten, ganz unaufdringlichen Bilder in einen Raum tritt, in dem mindestens ein halbes Dutzend Rembrandts hängen, darunter auch *Die Anatomie des Dr. Tulp,* erschrickt man darüber, wie lärmend diese anderen Meisterwerke plötzlich auftreten. Obwohl auch auf Vermeers Gemälden oft etwas passiert (eine Frau liest oder schreibt einen Liebesbrief oder bewundert sich bloß im Spiegel), sind doch der innere Frieden der Bilder und die Zurückhaltung der Porträtierten – fast alle Frauen – so einfach und direkt, dass sogar zwei der berühmtesten Selbstbildnisse Rembrandts, eins für jedes Ende seines Lebens, daneben beinahe grob wirken. Ich bin sicher, es ist eher diese Ruhe der Vermeers und weniger die Größe der Ausstellung, die sie so wenig ermüdend macht. Und wie klein einige der Gemälde tatsächlich sind – kaum größer als die Postkarten, die im Museumsshop verkauft werden.

MAKE-UP FÜR GEMÄLDE *17. Mai 1996*

Obwohl die National Gallery durch den Dokumentarfilm über die Restaurierung von Holbeins *Gesandten* bestätigt wurde, geht der Streit um die Reinigung des Gemäldes weiter. Ein Fehlurteil, das die Diskussion vernebelt, hat mit dem Wesen der Zeit zu tun. Michael Daley, der Hauptkritiker der National Gallery, stellt die Zeit als eine Art wohlwollenden Abmilderungsprozess dar, der Gemälde elegant altern lässt – die Farben reifen, die Tönung wandelt sich, doch alles im gleichen Grad und Tempo, sodass die Gesamtkomposition womöglich ein wenig verschleiert, aber insgesamt ganz wie vom Künstler beabsichtigt in der Gegenwart ankommt. Das ist offensichtlich Unsinn. Gemälde führen oft genug ein ziemlich abenteuerliches und von Gewalt geprägtes Leben; sie werden schließlich geliebt, also werden sie auch belästigt und befummelt, und weil ihre Bewunderer wankelmütig sind, werden sie ein bisschen aufgehübscht, wenn sie altmodisch wirken, damit sie wieder dem Zeitgeschmack entsprechen. Und so humpeln sie in die Gegenwart, eingehüllt in die Make-up-Schichten mehrerer Jahrhunderte, und versuchen doch Leib und Seele zusammenzuhalten. »Milde Reifung« ist dafür einfach nicht der richtige Ausdruck.

SAN MARCOS PFERDE *8. Dezember 1998, Venedig*
Früher hatte ich ein schlechtes Gewissen, dass mich das Innere des Markusdoms nicht interessierte (schäbig, keine Aussicht, zu viel Gold), dabei ist es doch, obwohl einst als Sammlung von hochwertigem Nippes abgeschrieben, voll von unterschiedlichen Freuden, vor allem der Fußboden. Heute Morgen aber fällt mir ein raffinierter, kleiner gotischer Bogengang in braunem und weißem Marmor ins Auge, rechts von den Stufen hinterm Lesepult. Diese Arkade würde ich gerne einpacken und mit nach Hause nehmen, so wie sie wahrscheinlich auch von den Venezianern geplündert, eingepackt und hierher nach Hause geschafft wurde, wie so vieles in dieser Kirche.

Wir ersteigen die Stufen zur draußen gelegenen Loggia, die an diesem kalten, klaren Morgen leer ist. Die Pferde, die hier auf die Piazza hinabsehen, sind inzwischen Kopien, die griechischen oder römischen Originale stehen in einem Saal weiter hinten. Dort können sie direkt von vorn und aus der Nähe angeschaut werden, was ihnen zuvor in ihrer langen Geschichte nur selten passiert sein kann. Es scheint, als würden sie sich miteinander unterhalten, und auf den ersten Blick sieht es eindeutig so aus, als wären zwei männlich und zwei weiblich. Doch wenn man um sie herumgeht, verschiebt sich das Geschlecht, und jedes Tier scheint von beidem etwas zu haben. Die Patina ist ein prachtvolles Gemisch aus Grün und Gold, die Reste des Zaumzeugs verbergen immer noch die Gussnähte. Inzwischen aber werden die Pferde nicht mehr so häufig besichtigt, oder jedenfalls nicht an diesem Morgen, obwohl sie die außergewöhnlichsten und mit Sicherheit reizvollsten Skulpturen in ganz Venedig sein müssen.

ABSTRAKTE KUNST *16. November 2001*
Ich nehme an, Menschen haben immer schon Gesichter in Flammen oder Blattwerk oder im Spiel von Sonne und Schatten entdeckt. Wenn ich auf dem Bett liege, stelle ich mir vor, das Gesicht eines Mädchens im Spiegelbild des Bücherregals zu sehen. Es ist kein naturalistisches Gesicht, würde man es auf Papier oder Leinwand abbilden, sähe es beinahe abstrakt aus. Wenn also die Maler mit dem Kubismus (war es so?) anfangen, Gesichter aus kantigen Formen zusammenzusetzen, dann halten sie nur fest, was die meisten Menschen … eine alte Dame, die ins Feuer starrt, ein Kind, das durchs Schlafzimmerfenster in die Baumkrone schaut … ganz selbstverständlich und gedankenlos tun.

Abstrakte Kunst ist also eigentlich gar nicht so abstrakt und als Form des bildlichen Sehens sogar ein ziemlich allgemeines Phänomen.

DAS HOSPITALSCHIFF

4. Oktober 2005, L'Espiessac

Für ein paar Tage ist Scott Harrison bei uns zu Gast, ein junger Mann, der früher für Lynn W. als Barkeeper gearbeitet hat, jetzt aber Fotograf ist und auf einem Hospitalschiff arbeitet, das an der westafrikanischen Küste auf und ab fährt, verschiedene Häfen anläuft und dort die örtliche Bevölkerung medizinisch versorgt, vor allem diejenigen, die an gutartigen Tumoren leiden. Der Fahrplan des Schiffes ist bekannt, und Tausende reisen an, um es im Hafen anzutreffen, untersucht und mit etwas Glück vom Chirurgenteam an Bord operiert zu werden. Viele sind schrecklich verunstaltet und daher von ihrem Stamm oder ihrer Gemeinde ausgestoßen worden. Die Tumore sind an sich nicht lebensbedrohlich, doch ihre schiere Größe kann die Patienten durchaus ersticken oder über ihre Kräfte gehen. Die Operationen selbst hingegen sind meist relativ simpel, die riesigen Auswüchse werden einfach herausgeschnitten, was bei einem grässlich entstellten Gesicht sofort wieder relative Normalität herstellt, und die Operierten benötigen nur ein Mindestmaß an Nachversorgung. Den Leidenden (und jenen, die sie ausgestoßen haben) scheint diese Verwandlung wundersam, und Tausende von Betroffenen erwarten die Ankunft des Schiffes in der Hoffnung auf Behandlung.

Scott hat das alles fotografiert. Einige der Bilder hat er vor Kurzem in New York ausgestellt, und heute Abend setzen wir uns (etwas widerwillig, muss man sagen) in unserem französischen Bauernhaus aufs Sofa und schauen sie an. Natürlich sind sie herzzerreißend, und besonders schmerzlich ist der geplagte, beschämte Ausdruck der Erkrankten, die sich selbst für verflucht halten: Warum sonst sollte ein Auge plötzlich auf einem dicken Fleischklumpen und dreißig Zentimeter von seinem Gegenstück entfernt liegen? Was ist das für eine riesige Kreatur, die einem da seitlich aus dem Hals wächst? Warum kann man plötzlich nicht mehr sprechen? Die Freude, wenn sie von ihrer monströsen Last befreit sind, ist wunderbar anzuschauen, vor allem, wenn sie nach Hause kommen und sich ihren Familien zeigen. All das hat Scott fotografiert und denkt offenkundig an nichts sonst: Er ist gänzlich darauf konzentriert, geradezu besessen, nichts anderes interessiert oder beschäftigt ihn, und obwohl er ziemlich gut aussieht, wirkt er doch geradezu mönchisch weltabgewandt. Vielleicht möchte er jetzt auch Arzt werden. Einmal, als er die Fotos erläutert, erwähnt er, dass ein besonders schrecklich aussehender Tumor ganz leicht zu entfernen war. »Ist eine ganz leichte Operation. Das könnte ich auch.«

Die Fotos sind noch auf einer anderen Ebene interessant: Viele der entstellten Gesichter erinnern an die Gemälde Francis Bacons, der angeblich von den medizinischen Lehrbüchern, die er als Kind im Bücherregal seines Vaters entdeckte, und den Abbildungen genau solcher Tumore fasziniert war. Ich hatte nie das Gefühl, dass seine Kunst dadurch gemindert würde: Es erklärt höchstens einen Teil davon, aber sie wird dadurch ganz sicher nicht zerredet. Doch einige der Fotos afrikanischer Patienten erinnern auf so eigentümliche Weise an Bacons Gemälde, dass seine Bilder fast wie eine Dokumentation dessen wirken, was mit einem menschlichen Gesicht passieren kann, und auch wenn das seine Gemälde nicht entwertet, so entmystifiziert es sie doch, macht sie verständlicher. Beinahe denkt man wie Scott, nur in Bezug auf die Malerei: »Ist eine ganz leichte Operation. Das könnte ich auch.«

Seine Kunst ist zwar von ganz anderer Qualität, doch lassen sich diese Gedanken über Bacon auch auf den schottischen Maler Jack Vettriano (den man früher einen kommerziellen Künstler genannt hätte) anwenden, dem man diese Woche nachgewiesen hat, dass er seine Gemälde aus Figuren komponierte, die direkt aus einem Handbuch der Personenmalerei entnommen waren. Das ist nichts anderes als das, was Bacon getan hat, auch wenn Bacons Bilder von Ekel und Verzweiflung durchzogen sind, Vettrianos hingegen von billiger Romantik.

PALAZZO DORIA-PAMPHILJ *13. Mai 2012, Rom*
Wir packen unsere Taschen für den Flug heute Nachmittag und schlendern dann die Straße entlang zum Palazzo Doria-Pamphilj. Auf dem Weg begegnen wir einer Schar Priester und ernster junger Laien, die zu einer Lebensschutz-Demonstration unterwegs sind. Diese frommen und nicht sonderlich männlichen Jugendlichen (wie ich einst) tun mir leid, denn die Priester schauen auf sie herab und sehnen sich nach strengeren Konvertiten. Zunächst sieht es so aus, als wäre der Palazzo geschlossen, und wir müssen das gesamte Gebäude umwandern, bis wir den Eingang finden. Das ist jedoch ganz heilsam, weil es eindrücklich zeigt, wie riesig der Palast ist – praktisch ein ganzer Häuserblock, eine eigene kleine Stadt. Der verstorbene Theaterregisseur Stuart Burge hatte sich hier als entflohener Kriegsgefangener versteckt, was ich immer so verstand, dass er diese gefährlichen Zeiten im Schoße der Familie verbrachte. Stuart hat die Geschichte allerdings immer heruntergespielt, und jetzt verstehe ich auch, warum: Womöglich hat er auf irgendeinem Dachboden oder in einer Kammer dieses mächtigen Komplexes gehaust und nie einen der Doria-Pamphilj zu Gesicht bekommen. Das Museum selbst ist überwältigend, Reihe um Reihe von Gemälden vom Boden bis zur Decke, und fast

zufällig entdeckt man in einem kleinen Nebenraum ganz für sich und unangekündigt Velázquez' *Papst Innozenz X.* In jedem Raum stehen edle Sessel und Sofas aus dem 17. und 18. Jahrhundert, auf die man sich keinesfalls setzen darf und deren Polster von hässlichen durchsichtigen Überzügen geschützt werden, doch eine der Segnungen des Palazzos ist, dass immer zusätzlich drei oder vier Metall- oder Leinenstühle aufgebaut sind und man nie lange nach einer Sitzgelegenheit suchen muss. Das macht die Besichtigung fast angenehm.

Die Sicherheitsvorkehrungen am Flughafen Fiumicino wirken recht entspannt, so sehr, dass einer der Sicherheitsbeamten, ein netter, dicklicher, leutseliger Kerl, sogar Scherzchen darüber macht und bei der Leibesvisitation fragt: »Na, heute keine Bomben?« R. wird ganz ähnlich behandelt.

Es hat sich etwas geändert, jedenfalls in Italien. Vor ein paar Jahren hat ein Freund von uns einen Scherz über Bomben gemacht und wurde sofort in eine Arrestzelle geschleift, ausgezogen und durchsucht und mehrere Stunden festgehalten. Als man ihn endlich wieder freiließ, hatte er einen belastenden Vermerk in seinem Register. Trotz meiner grundsätzlichen Nervosität beim Fliegen bevorzuge ich, glaube ich, den italienischen Ansatz.

ECHTE KÜNSTLER SIND KEINE NETTEN MENSCHEN

Über W.H. Auden und Benjamin Britten

Dies ist das Vorwort zu meinem Theaterstück The Habit of Art, *in dem es um die fiktive Begegnung zwischen dem Dichter W.H. Auden und dem Komponisten Benjamin Britten in den siebziger Jahren geht.*

Als W.H. Auden 1972 ins Brewhouse zog, ein Häuschen auf dem Gelände des Christ Church College, hatte ich Oxford schon längst verlassen, und ich hätte ohnehin niemals den Mut besessen, ihn anzusprechen. Seine Stimme hatte ich zum ersten Mal irgendwann im Jahr 1955 in der Aula des Exeter College gehört. Das untere Ende des Stipendiatentisches, wo ich saß, war nur ein oder zwei Meter vom »High Table« entfernt, an dem die Dons dinierten, und als ich diese schrillen, schnatternden Töne vernahm, ohne zu wissen, wer sie von sich gab, sagte ich zu meinem Nachbarn, das klinge wie die Stimme des Teufels. Jemand, der informierter war als ich, belehrte mich eines Besseren. Es war Auden, damals noch mit beinahe blondem Haar und einem Gesicht, in das noch keine Furchen gegraben waren.

Ich glaube, ich hatte weder besonders viel von Audens Lyrik gelesen, noch hätte ich sie damals verstanden, doch als Auden im folgenden Jahr seine Antrittsvorlesung als Oxforder Professor für Dichtung hielt, ging ich pflichtschuldig hin, da ich wusste, dass er irgendwie berühmt war – wenn auch nicht genau, warum. Zu dieser Zeit hegte ich immer noch den Gedanken, Schriftsteller zu werden (und zwar ein sehr ernsthafter). Daher war ich angemessen bestürzt, als Auden nun also umriss, was er für die Voraussetzungen eines literarischen Lebens hielt, oder zumindest eines Lebens, das der Dichtung gewidmet war. Unverzichtbar schien, neben bestimmten Lieblingsbüchern, vor allem eine ideale Landschaft zu sein (Leeds?), ebenso wie Kenntnisse in Metrik und Rezitation und (das war der Knackpunkt) eine tiefe Leidenschaft für die Isländersagas. Wenn man vor dem Schreiben erst einmal eine derartige Ausrüstungsinspektion überstehen musste, konnte ich es gleich vergessen. Auden verkündete hier im Grunde (und das tat er ziemlich regelmäßig): »Macht es alle so wie ich«, was die schlechten Ratgeber unter den Autoren oft sagen, wenn man sie nach ihrem Beruf fragt, allerdings nur wenige mit einer solchen Überzeugungskraft und Autorität wie der neu berufene Professor für Dichtung.

Hof hielt er zumeist im Café Cadena, das ich jedoch nicht besonders mochte. Ich kannte junge Studenten, an die Auden sich herangemacht hatte, war jedoch noch so jung und unschuldig, dass ich einen Annäherungsversuch an sich schon so bemerkenswert fand wie denjenigen, der ihn unternahm.

Als Auden 1973 starb, erschien mir sein Tod weniger als ein Verlust für die Dichtkunst – Gedichte schrieb er kaum noch –, sondern vielmehr als Verlust für das Wissen der Menschheit. Auden war eine lebende Bibliothek, und nun war dieser ganze Wissensvorrat – all die Lektüren, Kategorisierungen, Assoziationen – zusammen mit dem großen, schiefen, lehmfarbenen Leib dahingegangen. Obwohl er vieles von dem, was er wusste, aufgeschrieben und veröffentlicht hatte, entweder als Vorlesungen oder als Rezensionen, war da doch immer noch mehr.

Der Hagel von Erinnerungen und Reminiszenzen an den Dichter und an die Gespräche mit ihm, der fast direkt nach seinem Tod einsetzte, war nicht nur Zeugnis seines reichen Lebens, sondern auch der Versuch, einige der Weisheiten zu bewahren, mit denen er im Gespräch um sich geworfen hatte – und auch einige der Unweisheiten.

In *Die Jagd nach dem Schnark* schrieb Lewis Carroll, Dozent am Christ Church College: »Was ich drei Mal euch sage, ist wahr.« Bei Auden, ebenfalls am Christ Church, war es genau umgekehrt. Wenn Auden etwas dreimal sagte, begann man zu zweifeln, und wenn er es ein Dutzend Mal gesagt hatte, hörte ohnehin niemand mehr hin. Irgendwo hat Auden den Unterschied zwischen »langweilig« und »ein Langweiler sein« beschrieben. Langweilig war er nie – dafür war er zu außergewöhnlich –, doch als er nach Oxford zurückkehrte, um dort zu leben, war er ein Langweiler geworden. Ausnahmslos alles, was er sagte, war pädagogisch; immer belehrte er und/oder gab mit seinem Wissen an, immer war er in der Lage, den großen Bogen zu schlagen und Bezüge herzustellen, die seinen weniger belesenen Zuhörern nicht zu Gebote standen. Zum Ende seines Lebens wiederholten sich seine Bemerkungen und Belehrungen immer häufiger, was für seine Kollegen am Christ Church besonders enttäuschend gewesen sein muss, denn als er in der Vergangenheit schon einmal kurz hier residiert hatte, war er eine lebhafte Bereicherung des Gemeinschaftsraums gewesen. Jetzt war er nur noch ein Ärgernis.

Erhofft hatten sie sich verständlicherweise etwas Erhellendes oder etwas Unterhaltung. Das wird gleich zu Beginn des Stückes *The Habit of Art* deutlich, in einer Rede des Dekans, die gestrichen werden musste, wie es oft mit meinen Lieblingspassagen geschieht:

Das Brewhouse ist nicht direkt eine Dachkammer – nennen wir es lieber eine betreute Wohnung. Ein Altenteil. Aber beachten Sie: Wenn das College beschließt, eine solche Wohnung zur Verfügung zu stellen, dann sicher nicht für etwas so Gewöhnliches wie eine »Künstlerresidenz«. Wir sind hier nicht in Keele und noch weniger an der East Anglia. Nein. Wir betrachten das eher als Angebot, als einen kleinen Rückzugsort – junge Menschen würden es heutzutage womöglich eine Bude nennen – für einen unserer renommiertesten Absolventen. Wenn die Einrichtung ein wenig spartanisch ist, schieben Sie es auf unseren Kanzler – andererseits waren die Sitzkissen ja ohnehin nie das Wichtigste auf dem Parnass. Außerdem hoffen wir, dass unsere Studenten den Weg nach hier oben nicht finden werden, um auf Sesseln zu sitzen, sondern um zu diesen berühmten Füßen zu liegen. Doch vergessen Sie nicht: Wir verlangen von dem großen Mann nicht, irgendetwas zu tun. Sein Werk ist schließlich zum größten Teil getan. Nein. Wir bitten ihn, zu sein. *Betrachten Sie des Dichtergeistes Gegenwart hier bei uns als eines der vielen traumhaften Angebote außerhalb des Lehrplans, die nur Oxford zu bieten hat. Lebendiger, fleischgewordener Ruhm kann auch zur Bildung beitragen, und in Person dieses gefeierten Dichters wird das Wort tatsächlich Fleisch und wohnet unter uns, voller Gnade und Wahrheit.*

Doch zur allgemeinen Enttäuschung – des College, der Studenten, von Auden selbst – kam es nicht so.

Als Auden 1972 in Oxford eintraf, war Benjamin Brittens Arbeit an *Tod in Venedig*, seiner letzten Oper, schon sehr weit gediehen. Weder der Dichter noch der Komponist waren bei guter Gesundheit, Auden war sechs Jahre älter als Britten. Ich bin Britten nie begegnet, habe ihn nicht einmal zu

Gesicht bekommen, aber ich stelle fest, dass ich im Juni 2006 in meinem Tagebuch über ihn geschrieben habe:

> *Nachdem ich die darauf basierende Fernsehdokumentation gesehen habe, lese ich* Britten's Children *von John Bridcut. Bestimmt war er beeindruckend und ein hervorragender Lehrer, doch es fällt mir schwer, Britten zu mögen. Er hatte seine Lieblinge, Erwachsene wie Kinder, aber sowohl Britten als auch sein Partner Peter Pears waren berüchtigt dafür, Menschen aus ihrem Leben zu verbannen – Freunde und Bekannte verwandelten sich plötzlich in lebende Leichen, wenn sie eine Grenze überschritten. Ein Witz reichte oft, und obwohl Britten offenbar jede Menge kindische Scherze mit seinen jungen Sängern trieb, ist andernorts von seinem Sinn für Humor wenig zu erkennen. Nicht bloß Erwachsene wurden verstoßen: Ein Junge, der plötzlich in den Stimmbruch kam, wurde auf einmal nicht mehr in die Residenz Red House eingeladen oder gehörte nicht mehr zur Gruppe – ein Schicksal, das die von Bridcut zitierten Jungen offenbar recht gelassen hinnahmen, das aber in der Psyche eines Kindes viel mehr Schaden anrichten kann als zu viel Aufmerksamkeit. Und man muss auch an die Jungen denken, die nicht zum erlauchten Kreis zählten. Es gab sicherlich auch dicke Jungen und hässliche Jungen oder auch bloß ganz gewöhnliche langweilige Jungen, die nichtsdestotrotz wie Engel singen konnten. Was war mit denen?*
>
> *Katastrophalerweise kamen Britten und Pears irgendwann im Jahr 1961 zu unserem Bühnenprogramm* Beyond the Fringe. *Zu der Show gehörte auch eine von Dudley Moore geschriebene Britten-Parodie. Er begleitete sich selbst auf dem Klavier bei dem Lied »Little Miss Muffet« und spielte und*

sang es im Stil von Britten und Pears. Ich weiß nicht, ob allein das schon Anlass genug war, sich beleidigt zu fühlen: Es wäre jedenfalls nicht angebracht gewesen, denn wie bei allen gelungenen Parodien steckte eine Menge Zuneigung darin, und außerdem war der Auftritt auch an sich witzig. Doch Dudley (der sie womöglich flüchtig kannte, ihnen auf jeden Fall schon begegnet war) hatte das Stück gedankenlos in »Little Miss Britten« umbenannt. Dudley war sicher nicht böswillig und hatte auch keinen Grund, ihre Homosexualität zu verspotten, von der er womöglich gar nichts ahnte (ich glaube, ich wusste damals auch noch nichts davon). Aber da der empörende Titel nun mal im Programm abgedruckt war, sollen sie zutiefst verärgert gewesen sein; Dudley jedenfalls wurde in die äußerste Finsternis verstoßen, und der Rest von uns wahrscheinlich gleich mit.

In Tony Palmers hervorragendem Film über Britten, *A Time There Was,* wird erzählt, wie Kathleen Ferrier mit dem Komponisten an *Die Schändung der Lucretia* arbeitete und es zu einem sehr ernsthaften Streit kam (allerdings nicht mit ihr). Britten berichtet, ohne seine Rolle zu beschönigen, wie Ferrier ihn zur Seite nahm und sagte: »Ach Ben. Versuch doch mal, nett zu sein.« Und er sagt dann leicht überrascht: »Und es hat funktioniert.« Sowohl Audens als auch Brittens Werke beweisen einen besseren Geschmack als das Leben ihrer Autoren. »Echte Künstler sind keine netten Menschen«, hat Auden geschrieben. »Ihr Bestes fließt in die Arbeit, und das Leben bekommt, was übrig bleibt.«

Auch wenn es formal ziemlich simpel ist, war *The Habit of Art* nicht leicht zu schreiben. Schließlich mussten so viele Informationen zu Auden und Audens Leben, zu Britten und Brittens Leben sowie zu ihrer gemeinsamen Vergangenheit an das Publikum weitergegeben werden. Wenn ich jetzt, fast ein halbes Jahrhundert später, an *Beyond the Fringe* zurückdenke, wird mir klar, dass ich besonders auf Britten einige der Gefühle projiziert habe, die ich als junger Mann hatte: Ich war kaum älter als er und sah mich in eine ähnliche Lage versetzt, weil ich mit Menschen zusammenarbeiten (das hieß auch: in Wettbewerb treten) musste, die ebenso einschüchternd waren wie Auden. Beim Gedanken an ihre früheren Gemeinschaftsarbeiten wie den Dokumentarfilm *Night Mail* (1936) erinnert sich Britten (auch diese Passage des Stückes ist gestrichen worden), wie er einigermaßen verzweifelt versuchte, mit Auden Schritt zu halten und mehr beizutragen als nur das Musikalische:

> *Damals brachte ich immer ein paar sorgfältig ausgearbeitete Ideen für die Filmaufnahmen und die Szenenfolgen mit, doch das führte zu nichts. Wissen Sie, Wystan konnte nie zugeben, dass mir irgendetwas zuerst eingefallen war.*
> *»Ach ja«, pflegte er zu sagen, als hätte ich ihn bloß an etwas erinnert, das er sich schon vorher ausgedacht hatte. Man konnte Wystan nie irgendwas erzählen, man konnte ihn bloß an etwas erinnern.*
> *Entweder das, oder er schnappte sich deine Idee und machte sie zu seiner eigenen … und dann blieb es nicht bloß eine Idee. Es wurde gleich ein ganzes Land.*
> *Wystan war der erste Mensch, der Island betreten hat, wussten Sie das? Und nicht Christoph Kolumbus hat Amerika entdeckt. Das war Wystan.*

Das scheint mir eine treffliche Einschätzung von Brittens frühem Verhältnis zu Auden zu sein, doch es passt auch zu meinen eigenen Erfahrungen im

Jahr 1960. Obwohl ich Britten in mancher Hinsicht ziemlich unsympathisch finde, ist also doch er, viel mehr als Auden, diejenige der beiden Figuren, mit der ich mich identifiziere.

Als ich mit der Arbeit an dem Stück begann, benutzte ich ausgiebig die beiden von Humphrey Carpenter verfassten Biografien von Britten und Auden, beide Musterbeispiele ihrer Gattung. Ich bezog mich derart häufig auf seine Bücher, dass Carpenter irgendwann sogar den Weg auf die Bühne fand. Seine Witwe Mari Prichard war mir dabei mehr als nur eine große Hilfe, obwohl sie das Gefühl hatte – und ganz bestimmt zu Recht –, dass ich ihm weder als Biograf noch als Persönlichkeit gerecht wurde. Das gleiche Problem hatte ich schon bei *The Madness of George III* (1991) erlebt, als ich ebenfalls versucht hatte, eine überlebensgroße Figur in ein Stück einzubauen, nämlich Charles James Fox. Hätte ich den großen Staatsmann angemessen darstellen wollen, wäre es in dem Stück nur um ihn gegangen. So ist es auch mit Humphrey Carpenter, und meine einzige Entschuldigung ist, dass er selbst das als Erster eingesehen hätte und dann ganz unsentimental damit umgegangen wäre. Wenn er also im Stück auftaucht, dann vor allem als Kommentator, der im Hintergrund herumsteht und das Publikum oft direkt anspricht. Das ist ganz nützlich, weil er historische Fakten erläutern kann und die wichtigen Charaktere davor bewahrt, einander Dinge erzählen zu müssen, die sie beide längst wissen, das Publikum aber noch nicht. Aber auch so musste noch eine Menge erklärt werden. Das ist ein ewiges Problem für Theaterautoren, Ibsen zum Beispiel hat es nie befriedigend gelöst oder, soweit ich das beurteilen kann, überhaupt jemals zu lösen versucht.

Gegen Ende des Stücks tadelt Carpenter Auden und Britten ein wenig, weil sie sich so viele Gedanken um ihren künstlerischen Ruf machen, während ihr Publikum – Audens Leser, Brittens Hörer – doch eigentlich nur noch einen Schlussstrich unter beide ziehen will. Die Leute wollen nicht noch mehr Gedichte, sie wollen auch nicht noch mehr Musik; sie wollen – wie man heute gern sagt – mit ihnen abschließen. Weil ich mich selbst gelegentlich solcher Gedanken schuldig mache, wenn ich zum Beispiel John Updikes unermüdlichen Schaffenseifer sehe, hat es mich beruhigt, dass ich mit dieser Haltung nicht allein bin. Anlässlich von George Crabbes Tod schrieb Lord Melbourne: »Ich bin immer froh, wenn einer dieser Burschen stirbt, weil ich dann sicher bin, dass ich ihn vollständig im Regal stehen habe.«

Dies ist das fünfte Theaterstück, bei dem ich mit Nicholas Hytner zusammenarbeite, wenn man die beiden Filme nicht mitzählt. Auf die unweigerliche Interviewfrage, worin diese Zusammenarbeit besteht, kann ich nur sehr allgemein antworten: Diskussion der verschiedenen Fassungen zum Beispiel, Entscheidungen zur Rollenbesetzung und dergleichen, doch ich kann selten auf befriedigende Weise präzise werden, und er genauso wenig. Es gibt keinen Krach oder auch nur Streitgespräche; keiner von uns beiden hat, soweit ich mich erinnern kann, jemals geschmollt. Es ist alles so einvernehmlich, dass Autoren und Regisseure mit einem aggressiveren oder theatralischeren Naturell meinen könnten, der kreative Prozess komme zu kurz. Wie auch immer: Wer an die kreative Wirkung von Konflikten glaubt, wird gern hören, dass es bei diesem Stück anders war.

Wenn schon Ibsen einem die Dinge nicht erklären konnte, mag es kaum verwundern, dass es auch mir schwerfiel. Nicholas Hytner hatte meine erste Fassung noch gefallen, wohingegen er die zweite schon weniger mochte, und der Text kam mit zahlreichen säuberlich notierten Bemerkungen versehen zurück: »Müssen wir das wirklich wissen?«, »Zu viel Information« und »Hatten wir das nicht schon?«

Zu diesem Zeitpunkt, im April 2008, musste ich (wenn auch nicht aus diesem Grund) ins Krankenhaus. Das warf mich ziemlich aus der Bahn, und das Letzte, weswegen ich mir jetzt den Kopf zerbrechen wollte, war das Stück. Daher bat ich darum, es bis auf Weiteres aus dem Spielplan des National Theatre zu nehmen. Als ich mich wieder daransetzte, wurde mir klar, dass das Problem der Überinformation nicht verschwunden war, doch ich hatte einen Einfall, wie sich die Fakten elegant vermitteln ließen: Ich verpasste dem Stück eine Rahmenhandlung, indem ich es auf einer Probebühne spielen ließ. Einwände gegen das Skript und Fragen an den Text konnten den Schauspielern in den Mund gelegt werden, und die Fragen wurden ihnen dann (gemeinsam mit den Zuschauern) im Verlauf der Probe beantwortet.

Das verschaffte mir noch einen unerwarteten Vorteil, denn wenn Nicholas Hytner, wie bei den weiteren Fassungen erneut geschehen, Einwände erhob, konnten auch diese Anmerkungen einfach an die Schauspieler weitergereicht werden. »Brauchen wir das wirklich?«, schrieb N.H. an den Rand. Und in der nächsten Fassung fand er sein eigenes »Brauchen wir das wirklich?« einem Schauspieler in den Mund gelegt. Irgendwann schlug er vor, eine ziemlich quälende Passage über Audens (jedenfalls für mich) undurchdringliches Langgedicht *The Sea and the Mirror* zu streichen. Wir diskutierten darüber, schließlich strich ich den Abschnitt, ließ aber stattdessen den Autor selbst als Figur auftreten, die sich über die Streichung beschwert. Ich fand das alles höchst vergnüglich, aber diese Änderungen passierten so häufig, dass ich allmählich das Gefühl hatte, der Regisseur verdiene eine Nennung als Autor.

Weniger hiervon, mehr davon – der Regisseur agiert zunächst mal als Lektor, und so ist es auch bei Nicholas Hytner und mir. Er zieht Handlung langwierigen Erörterungen vor, weshalb meist die eher reflexiven Passagen gestrichen werden, auch wenn sie dabei nicht immer verloren gehen. Manchmal finden sie sich im Vorwort wieder, oder es gelingt mir, sie stark eingedampft wieder in den Text zu schmuggeln – auch wenn das womöglich bis zum nächsten Stück warten muss: Der bruchstückhafte Monolog über Biografie zum Beispiel, mit dem das Stück beginnt, war in *Kafka's Dick,* das ich vor über zwanzig Jahren geschrieben habe, der Schere zum Opfer gefallen. Aber das läuft alles sehr pragmatisch ab, und ich bin dankbar, dass ich nie ein solches Prestige erlangt habe, das jeden meiner Sätze mit Bedeutung erfüllen und unberührbar machen würde.

In dem Stück kommt auch Audens Hang zur Sprache, seine eigenen Gedichte zu bearbeiten und dabei als Älterer zu zensieren, was er in den Schriften seines jüngeren Ichs als unehrlich oder peinlich empfindet. Ich glaube, er hat damit einen Fehler gemacht, aber vorausgesetzt, das Original überlebt, wie in diesem Fall, sowohl in gedruckter Form als auch im Gedächtnis seiner Leser, spielt es wohl auch keine große Rolle und versorgt lediglich Herausgeber und Bibliophile mit neuem Gesprächsstoff.

Die stilistischen Eigenheiten des Stücks *The Habit of Art* – reimende Möbel, die personifizierten Falten in Audens Gesicht, Wörter und Musik, die Erfahrungen austauschen – sind vielleicht bloß ein Versuch, etwas nicht ganz den historischen Fakten Entsprechendes an meinem inneren schriftgläubigen Bewährungshelfer vorbeizuschmuggeln. Der hat mich schon länger unter Kontrolle, als ich zugeben mag, und ich hatte gehofft, er sei mittlerweile im Ruhestand. Oder vielleicht fallen sämtliche Seltsamkeiten auch in die Kategorie, die Edward Said »Spätstil« nennt. Nach meinem Gefühl hatte ich gerade erst einen Stil entwickelt, müsste nun aber feststellen, dass es mit ihm schon fast wieder vorbei ist. Ich bin allerdings nicht ganz sicher, was Spätstil bedeutet, außer einer Lizenz, einem Freibrief für alternde Künstler, mal ein bisschen auf den Putz zu hauen. Das habe ich nicht immer nötig, und oft bin ich ein wenig überrascht, wenn ich etwas in ein Stück geschrieben habe, das im Grunde eher als Scherz gedacht war, und dies bei der Inszenierung nun ebenso ernst genommen wird wie der Rest. »Gracie Fields?« hatte ich bei *The History Boys* (2004) an den Rand geschrieben, und ehe ich mich's versah, probten sie schon Gracies großen Hit »Sing as We Go«.

Der Bewährungshelfer oder der innere Zensor, den man ständig zu umgehen versucht, würde in Brittens Plädoyer zur Mäßigung einstimmen. Bei Britten war die Zensur selbstgemacht, und sein persönlicher Aufpasser stets im Dienst. Die tatsächliche Bühnenzensur wurde 1968 abgeschafft, im selben Jahr erschien mein erstes Stück, mich hat sie also niemals ernsthaft eingeschränkt. Andererseits bedauerte ich ihre Abschaffung insoweit, als sie meiner Ansicht nach das Arsenal des Bühnenautors bedeutend verkleinerte. Solange Zensur herrschte, gab es eine Grenze zwischen dem, was man sagen konnte, und dem, was man nicht sagen konnte, und je näher man dieser Grenze kam, desto größer wurde die Spannung: Wie viel Offenheit traute man sich? Würden die Männer sich küssen oder die Frauen sich streicheln? Nach dem Ende der Zensur mussten

Theaterautoren eine solche Spannung selbst erzeugen.

Als Autor ist man manchmal überrascht von dem, was man selbst geschrieben hat. Ein Theaterstück oder ein Roman hat zu Beginn der Arbeit anscheinend gar nichts mit früheren Werken zu tun, doch je weiter man voranschreitet – oder manchmal auch erst, wenn man längst fertig ist –, desto mehr fällt einem auf, dass das Geschriebene mit Themen oder Personen verwoben ist, über die man in früheren Romanen oder Stücken bereits geschrieben hat. Erst als ich *The Habit of Art* fertig hatte, merkte ich, dass Stuart, der Strichjunge, nur der Letzte in einer ganzen Reihe ähnlicher Figuren ist, die sich in meine Stücke geschlichen haben, angefangen mit meinem zweiten Stück *Getting On* (1971), wo er mit dem jungen Gelegenheitstischler Geoff verwandt ist, auch so ein junger Mann, der sich ausgeschlossen fühlt (und Sex als Eintrittskarte betrachtet). Der wiederum ist ein Leidensgenosse des eher jämmerlichen jungen Mannes Eric aus *The Old Country* (1977), den ähnliche Kümmernisse plagen wie Stuart (und wie Leonard Bast in *Howard's End*). Weniger offensichtlich aus dem gleichen Holz geschnitzt ist Coral Browne, der in *An Englishman Abroad* (1983) den Geheimagenten Guy Burgess in dessen heruntergekommener Wohnung in Moskau besucht und vor einem Bücherregal stehen bleibt (ach je, diese Bücherregale!), ratlos den größten Teil der dort versammelten Titel betrachtet und noch ratloser Burgess' Erkundigungen nach Harold Nicholson, Cyril Connolly und dem literarischen Leben in London vernimmt.

Eigentlich müssten mir diese Wiederholungen peinlich sein, und das wären sie auch, wenn ich der Ansicht wäre, dass sie irgendetwas mit mir zu tun hätten. Aber diese Figuren schleichen sich einfach durch die Hintertür oder als jemand ganz anderes verkleidet herein, und erst wenn sie – wie Stuart – zu Wort kommen, anerkannt und gewürdigt werden wollen, wird mir klar, dass der ungebetene Gast schon wieder erschienen ist.

Ich müsste eigentlich wissen, wer diese Gestalt ist, aber ich bin nicht so sicher. Bin ich es selbst als junger Mann in Oxford, verwirrt von der akademischen Welt? Ist es einer der jungen Schüler und Schauspieler aus meinem allerersten Stück *Forty Years On* (1968), bei denen ich befürchtete, sie würden ihr Leben vergeuden? Ist er womöglich gar einer in der langen Reihe junger Schauspieler, die im Lauf der Jahre für solche Rollen vorgesprochen haben und enttäuscht weggeschickt werden mussten?

Manches von der Sehnsucht, die Stuart in den Häusern seiner Auftraggeber verspürt, spiegelt mein eigenes Staunen als junger Student wider, wenn ich zum Tutorium in eine der prächtigen viktorianischen Villen im Norden Oxfords musste. Ich hatte dort etwas andere, legitimere Verpflichtungen als Stuart, doch eine von Büchern bedeckte Wand zu sehen war schon an sich ein Bildungserlebnis – und zwar in visueller und ästhetischer Hinsicht mindestens ebenso sehr wie in intellektueller. Bücher richten einen Raum in gewisser Weise ein, und in manchen dieser Räume gab es kaum eine andere Einrichtung, nur noch den Professor in einer Ecke im Schein einer Stehlampe. Gelegentlich allerdings gab es auch Gemälde, bisweilen mehr Bilder, als ich je an einer Wand gesehen hatte, dazu Vasen, Urnen, Keramik und andere Reliquien – richtige Gelehrtennester. Und es gab noch Wundersameres: Einmal schlürfte ich Suppe von einem Apostellöffel aus dem 15. Jahrhundert, mittelalterliche Stickarbeiten waren über Stuhllehnen geworfen, und in einem Flur hing ein Tonrelief, das womöglich von Luca Della Robbia stammte.

Heute denke ich an solche Häuser, wenn ich in Museen wie das Ashmolean in Oxford oder das Fitzwilliam in Cambridge gehe, wo den großen Meisterwerken die Sahnestücke aus den Nachlässen unzähliger akademischer Haushalte zur Seite gestellt werden: Gemälde (vor allem im Fitzwilliam), Antiquitäten, Schätze, die in Zeiten leichtfertiger vergebener Ausfuhrgenehmigungen als heute aus Ägypten oder Italien mitgebracht und in die Norham Road oder nach Park Town geschafft wurden – die Bestandteile einer Welt, von der Stuart sich mit einigem Recht für immer ausgeschlossen sieht und aus der auch ich mich ausgeschlossen fühlte, wenn auch mit weniger Anlass.

NACH DEM ABENDESSEN TIZIAN

In britischen Museen

REDENDE FOTOS *21. Januar 1980*
In die Serpentine Gallery zu einer Ausstellung des Fotografen André Kertész. Der Hyde Park ist leer, die Sonne warm, und das Albert Memorial glitzert durch die Bäume. Wäre ich in New York, würde ich einen solchen Morgen schwelgerisch genießen, aber es ist bloß London. Wenige Menschen in der Ausstellung, nur ein oder zwei Studenten und ein älteres Paar, das sich über das Menschliche in den Bildern unterhält. »Ihre Fotos reden zu viel«, hat ein New Yorker Bildredakteur mal zu Kertész gesagt. Woran also kann ich mich erinnern, nachdem ich vor einer halben Stunde aus der Ausstellung gekommen bin? Ein Rekrut der österreichischen Armee, der 1915 in einer Kasernenstube einen Brief schreibt. Eine Ecke von Mondrians Haus im Paris der zwanziger Jahre. Der Washington Square im Schnee und ein Junge, der den Kopf eines Welpen in die Kamera hält.

AMERIKANISCHE MYTHEN *17. Juni 1980*
Ich radele zur Royal Academy, um mir die Andrew-Wyeth-Ausstellung anzuschauen, die unerwartet voll ist, zum Teil sind es Besucher der Sommerausstellung, aber, so vermute ich, auch Menschen, die nach Naturalismus hungern. Einige der Bilder sind wunderbar zart, vor allem ein offenes Fenster mit einer wehenden Gardine aus dem Jahr 1947 und ein nackter junger Mann, ziemlich sexy.

Doch die Menschenmassen in der Academy stoßen einen ab, und wie immer frage ich mich, warum sie hier sind und warum ich hier bin. Das Bild mit den wehenden Gardinen erinnert mich an Edward Hoppers *Abendwind,* und letztendlich komme ich zu der Ansicht, dass ich Hoppers Bilder lieber mag, auch wenn sie im Vergleich zu denen von Wyeth roh und unfertig wirken. Bei beiden allerdings finden sich amerikanische Mythen: Wyeth' ländliches Amerika, verwitterte Scheunen, die grauen Küsten Neuenglands, Figuren, die den Blick vom Maler abwenden und über leere Felder nach unsichtbaren Besuchern Ausschau halten; und andererseits Hoppers Welt der B-Movies, Bars für Singles, einsame Gestalten im Diner, Frauen mittleren Alters, die mit Drink und Zigarette auf die Liebe warten, gelangweilte Platzanweiserinnen und Tankstellen im Nirgendwo.

HAYWARD GALLERY *24. Januar 1982*

In der Edwin-Lutyens-Ausstellung in der Hayward Gallery, in der (irrigen) Annahme, dass es am späten Sonntagnachmittag nicht voll sein wird. Tatsächlich aber sind die Säle so überfüllt, dass ich die Bilder nur in umgekehrter Reihenfolge betrachten kann, was aber nicht viel ausmacht, weil meine Eindrücke von Ausstellungen und Museen immer eher zufällig und ungeordnet sind. Wie üblich beschäftigt mich mehr, *wer* sich etwas ansieht, als *was* sie sich ansehen: achtbare Architekten, die jung für ihr Alter aussehen, mit grauen Haaren und leuchtend bunten Krawatten; bleistiftdünne Architekturstudenten, ausgesucht leger gekleidet, auch als Personen am Funktionalen orientiert; eine Menge Menschen, die wahrscheinlich einen ganz anständigen Salat zu Mittag gegessen haben, mit ihren fünf oder sechs Jahre alten Autos zum Museum gekommen sind und sich denken, dass Architektur eigentlich genau

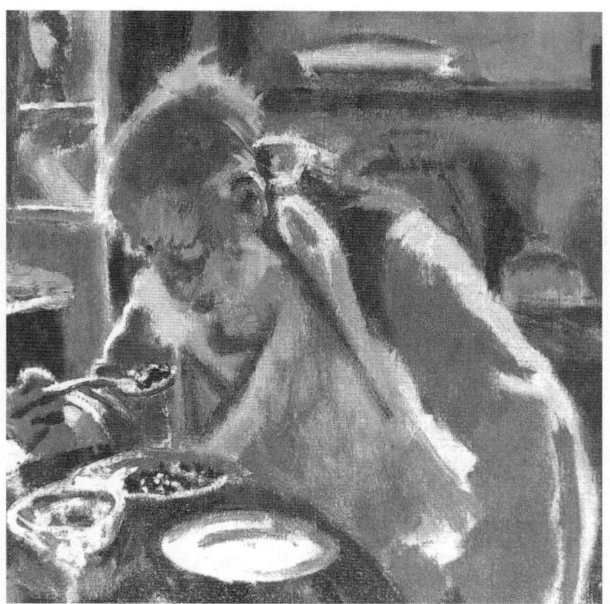

Walter Sickert: Lazarus beendet die Fastenzeit (circa 1927)

so sein sollte – warm, eigenwillig, anheimelnd. Auch wenn Lutyens' Architektur größtenteils ebenso wenig für das Individuum übrig hat wie der trostloseste Wohnblock. Aber sie macht mehr Spaß – vor allem der Zierrat: eine Holzbrücke über einem Torbogen, eine Pergola, ein Billardtisch auf einem Podest aus massivem Kalkstein, Pfefferkuchenhäuschen; manches wirkt wie Traumarchitektur. Seine Möbel sind wunderschön geschwungen und abgeschrägt, in gebleichter Eiche oder Linde, und im überfüllten Vortragssaal, in den ich nicht hineinkomme, erhasche ich einen Blick auf zwei Kronleuchter aus bemaltem Holz: dicke, bunte Hühner und angelnde Damen – Kinderzimmerleuchter aus dem Palast des Vizekönigs in Neu-Delhi. Ich gehe mit unangestrengter Leichtigkeit durch die Ausstellung, ich weiß, was mir gefällt und was nicht, ich bin nicht so verwirrt und ratlos wie sonst immer vor erstklassigen Gemälden, und wieder einmal habe ich das Gefühl, dass ich als Planer oder Designer ein glücklicherer Mensch geworden wäre (Architekt hätte ich allerdings nicht sein wollen).

Ich gehe nach oben in die zweite Ausstellung, die späten Bilder von Walter Sickert. Manche sind dünn, unfertig, und (was ein Gemälde in meinen Augen immer disqualifiziert) das Gewebe der Leinwand scheint durch die Farbe. Ein gutes Porträt von George V. in Aintree und eine hervorragende, kühn ausgeführte Darstellung von *Lazarus beendet die Fastenzeit.* Einige Bilder erkenne ich aus der Kindheit und aus Leeds wieder (»Ach, hallo! Dass ich dich hier treffe!«), und sie wirken freundlicher als jedes Gesicht im Museum. Aber es ist ein grässliches kleines Gebäude, und seine Unzulänglichkeit wird noch unterstrichen durch die Fotos von Lutyens' herrlichen Details – elegante Bekrönungen, geflieste Böden, geschwungene Geländer. Die einzig dekorativen Elemente in der Hayward sind die Abdrücke der Schalbretter im Beton. Die Treppe hinauf zur Waterloo Bridge ist nass und stinkt nach Urin, und das mit Recht – sie ist richtig vollgepisst.

DAS BRUTALE BABY *3. Januar 1996*

In der Ausstellung von Tudor-Porträts in der Tate Gallery mit dem Titel *Dynasties.* Es sind einige hervorragende Bilder dabei, doch wenn man weiß, dass die Porträtierten in Kürze sterben oder hingerichtet werden, wirken viele von ihnen unheilschwanger oder verhängnisvoll. Ganz neu für R. und mich ist Antonis Mor, dessen Porträt von Sir Thomas Gresham wie ein getöntes Foto vom Anfang des 19. Jahrhunderts aussieht, und der Dargestellte ist so unheimlich präsent, dass es nicht mehr angenehm ist. Alle Kunst ist ermüdend, und diese Gemälde ganz besonders, denn sie quellen über vor Details, jedes Kleid und jedes Wams verlockt einen, sich die Stickereien näher anzusehen, der Spur der Falten und Verzierungen zu folgen. Das Ausstellungsplakat zeigt Holbeins Porträt des Prince of Wales, der später zu Edward VI. wurde; er ist nicht der Hänfling, als der er sonst meist dargestellt wird, sondern eher das kräftige Rabauken-Exemplar eines Babys, ganz der Vater also. In der U-Bahn erzählt R., er habe noch nie ein Plakat gesehen, das derart häufig verunstaltet wird; anscheinend verstört der brutale Blick des Babys die Menschen. Auf einem Plakat, das R. gesehen hat, stand UGLY quer über die Stirn geschrieben, auf einem anderen SPAM.

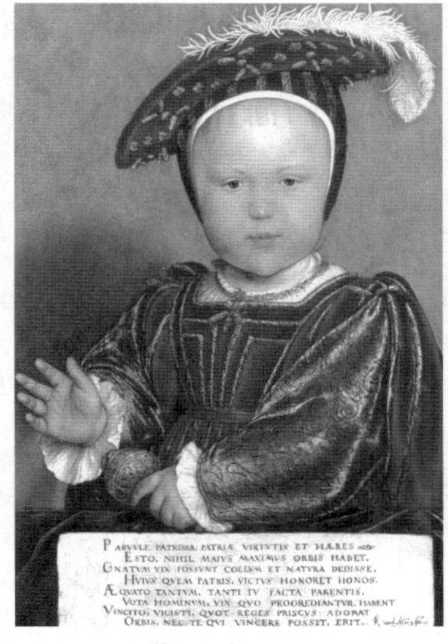

Hans Holbein der Jüngere: Edward VI. als Kind (circa 1538)

STRIPTEASE IM MUSEUM *17. August 1998*

Irgendwann letzte Woche schlenderte ein vollbärtiger Mann in einer Kutte durch die National Gallery, von den Wärtern beobachtet, aber nicht angesprochen, bis er den Saal mit den Rembrandts erreichte. Vor dem *Selbstporträt mit 63 Jahren* reißt er sich plötzlich die Kutte vom Leib (das Wunder des Klettverschlusses) und zeigt sich darunter splitternackt, hat allerdings eine Tube gelber Acrylfarbe ans Bein geschnallt. Er malt den ersten Bogen eines £ auf das Porträt, ehe ihn ein Wärter und ein hilfreicher Besucher zu Boden ringen und abführen. Die Polizei wird gerufen, doch bevor die irgendwem verbieten kann, etwas am Tatort anzurühren, ist schon die Konservierungsabteilung auf dem Plan, nimmt das Gemälde von der Wand und wäscht die Acrylfarbe ab, solange sie noch feucht ist: Wäre sie getrocknet, hätte das die Sache viel komplizierter gemacht. Das Ende vom Lied ist, dass das Gemälde schon am nächsten Tag wieder ausgestellt wird und Rembrandt zweifellos noch verärgerter aussieht, als er es auf diesem Selbstporträt normalerweise ohnehin schon tut.

Was mich an dem Vorfall interessiert: Was passierte, nachdem der junge Mann überwältigt worden war? Hier geraten zwei Arten der Prüderie in Konflikt: Die Wärter wollten mit Sicherheit keinen nackten Mann durch das Museum führen, hatten aber bestimmt auch wenig Lust, einen nackten (und bärtigen) Mann wieder in seine Kutte zu kleiden.

Als der Fall vor Gericht kommt und der junge Mann auf die Anklagebank muss, schafft er es, obwohl ihn zwei Polizisten flankieren, sich wieder zu entblößen und einmal über den Parliament Square zu flitzen. Dabei beweist er erneut eine derartige Leichtigkeit beim Striptease, dass es nicht schwerfällt, sich auszumalen, wo seine Zukunft liegt. Es stellt sich heraus, dass er aus Coventry kommt, wo es dank Lady Godiva natürlich eine gewisse Tradition öffentlicher Freizügigkeit gibt.

NACH DEM ABENDESSEN TIZIAN *15. Mai 2003*

Nach dem Abendessen gehen wir uns die Tizian-Ausstellung ansehen, die nur noch ein paar Tage in der National Gallery zu sehen ist. Es ist Viertel nach zehn, gerade hat das Museum geschlossen, und die Säle riechen noch nach den Horden, die hindurchgezogen sind; auf dem Boden liegen zerknüllte Eintrittskarten und weggeworfene Programmhefte, und nur etwa einen Meter über dem Wust diese unvergleichlichen Bilder.

Wie in Kunstmuseen üblich, fühle ich mich unzulänglich und irgendwie gefühllos und durcheile die Säle schneller als R., wie ein Kind, das wissen will, was als Nächstes kommt, wobei das immerhin zur Folge hat, dass ich mich ständig hinsetzen und auf ihn warten kann. Das Staunen, das diese Gemälde hervorrufen, verdankt sich zum Teil Tizians technischem Können: seine Wiedergabe von *Dingen,* von Pelz und Stoff und den erhabenen und geknüpften Stickereien auf dem Gewebe, die bei näherer Betrachtung alle zu einem bräunlichen Durcheinander verschmelzen und erst wieder Form annehmen, wenn man ein paar Schritte zurücktritt. Ein erstaunliches Bild unter meinen Lieblingen ist das Porträt des (unansehnlichen) Papstes Paul III. im verblichenen rosaroten Umhang auf einem abgenutzten Samtsessel – der allerhöchste Würdenträger ist hier bloß eine weltliche Figur, anhand der demonstriert werden soll, wie gut der Maler sein Material beherrscht. Neben ihm das unwiderstehliche Porträt des zwölfjährigen Ranuccio Farnese und eines von Clarissa Strozzi, das beinahe von Goya sein könnte.

Am wenigsten beeindruckt die viel beworbene Rekonstruktion des Bilderzyklus für Alfonso d'Estes *camerino d'alabastro,* die nicht funktioniert, weil a) der Raum zu groß ist und b) bestimmte Elemente fehlen und c) ich abgesehen von *Bacchus und Ariadne,* hier aus der National Gallery, die Bilder im Großen und Ganzen nicht mag. Auch Tizians spätere Bilder gefallen mir nicht besonders, auch wenn ich anerkenne, wie weitsichtig (in jeder Bedeutung des Wortes) sie sind. *Die Schindung des Marsyas* ist ein verstörendes Gemälde, die Distanziertheit der Satyrn, die der Folter ihres Artgenossen zuschauen, lässt einen frösteln; das Auge des kopfüber hängenden Marsyas, blank von einem Grauen, das jenseits aller Gefühle liegt, oder schon im Tod erstarrt, ist mit einem einzigen Tupfer weißer Farbe hervorgehoben – einem Tupfer, den ich gern vergrößert oder im Detail sehen würde.

Inzwischen ist es Viertel vor zwölf, und wir gehen den Weg durch das dunkle und leere Museum zurück; das Gefühl von Privilegiertheit, das wir bei unserem ersten nächtlichen Besuch vor zehn Jahren hatten, ist nie ganz verloren gegangen: Dies ist die größte und spürbarste Ehre, die mir je zuteilwurde.

Doch als ich im Bett liege, muss ich daran denken, wie ich einmal Alec Guinness einlud, mit mir durch die Gallery zu gehen. Nachdem ich ihm genau erklärt hatte, zu welcher Tür er gehen solle, wartete ich im Foyer bis weit nach der verabredeten Zeit. Er kam eigentlich nie zu spät, doch schließlich traf er verärgert und verstört ein und beschwerte sich, ich hätte ihn zur falschen Tür geschickt. Hatte ich nicht, aber ich hätte wissen müssen, dass jeder Versuch, seine stets großzügige Gastfreundschaft zu erwidern, desaströs enden musste. Er konnte es so schlecht ertragen, jemandem verpflichtet zu sein, dass er die Sache unweigerlich verbocken musste, wenn man ihm einmal etwas Gutes tun wollte. Doch ob er selbst sich dessen bewusst war (oder sich selbst so gut kannte), war nie ganz klar.

MICHELANGELOS HAND *24. Juni 2006*

Heute ist der letzte Tag der Michelangelo-Ausstellung im British Museum, das wegen der großen Nachfrage bis Mitternacht geöffnet hat. Obwohl wir erst ziemlich spät hingehen, ist es trotzdem noch überfüllt. Schon Gemälde sind unter solchen Umständen nur schwer zu würdigen, Zeichnungen fast gar nicht. Man verzichtet sofort darauf, sie in der richtigen Reihenfolge anzuschauen (die ohnehin nicht hilfreich ist), und geht auf jede Zeichnung zu, die gerade nicht belagert wird; besonders gefährlich sind Menschen mit Kopfhörern, denn sie bewegen sich alle im gleichen Tempo und verursachen Staus.

Ich bin noch ratloser als sonst in Ausstellungen, kann die Feinheiten der Zeichnungen nie erkennen und werde der schwellenden Schenkel, der muskelbepackten Rücken bald überdrüssig. R. fällt auf, dass Frauen (viel zahlreicher vertreten als Männer) sie anscheinend sowohl bewegend als auch befriedigend finden, wohingegen ich weder das eine noch das andere nachempfinden kann. Natürlich ist Michelangelo ein Star, und was er auch tut, es wird bejubelt, von der anatomischen Genauigkeit seiner vorbereitenden Skizzen für die Sixtinische Kapelle bis hin zu den unscharfen und fast impressionistischen Figuren der drei späten Kreuzigungsszenen, mit denen die Ausstellung endet. Es fällt schwer, nicht zu denken, dass in allem, womit er sich befasst hat, offenbar etwas Heiliges steckt: Es muss verehrt werden, weil es von Michelangelos Hand stammt.

Apropos Hand: Das berühmteste Bild ist wohl das von Gott, der Adam mit ausgestrecktem Finger Leben verleiht, doch die einzige (leicht zu übersehende) Entwurfszeichnung dafür versteckt sich ganz unten auf einem Blatt mit anderen Zeichnungen. Um das Detail ist eine Linie gezogen, weil es irgendwann einmal aus dem Bogen herausgeschnitten und später wieder eingefügt wurde, doch die Hand ist so formal und technisch gestaltet, dass es kaum der Erwähnung wert ist – sie ähnelt der Hand im Stil des 18. Jahrhunderts, die auf den Wegweisern im Elslack Moor abgebildet ist.

Wenn ich mir all diese Schenkel und Oberkörper anschaue, die anatomisch nie ganz genauen Schwänze, frage ich mich, ob Michelangelo wohl jemals pornografische Zeichnungen angefertigt hat, was sicher alle Künstler irgendwann einmal zu tun versucht sind, und wenn ja, was mit ihnen geschehen ist. Und wenn sie überlebt hätten und hier ausgestellt wären, frage ich mich weiter, sagen wir zum Beispiel: ein Paar, das sich ungehemmt liebt, oder ein Junge, der sich selbst befriedigt, würden sie dann das gleiche Samstagabendpublikum anlocken, das die heilige Pornografie in seinen gesunden, sicheren, kunstbeflissenen Blick nehmen und sie damit genauso hygienisch rein machen würde wie den Rest?

PROUST IN TERRAKOTTA *11. September 2007*
Ins British Museum zur Eröffnung von *Der erste Kaiser: Chinas Terrakotta-Armee.* Im großen Innenhof werden Reden gehalten – Neil MacGregors ist wie immer die beste, ich habe noch niemanden gehört, der eine Rede so gut aufbauen und ihr am Ende noch einen Dreh geben kann. Außerdem wird im Programm ein »Gastredner« angekündigt. Wie sich herausstellt, ist das Premierminister Gordon Brown, der eine anständige Ansprache hält, und das, wie R. bemerkt, aus dem Stegreif, weil er sich wiederholt. Bin geschmeichelt, von Neil an die Hand genommen und an den Informationstafeln zum Einstieg vorbei (»Das ganze Vorspiel brauchen Sie doch nicht, oder?«) und zu den Figuren selbst geführt zu werden. Natürlich muss die schiere Größe der Grabstelle überwältigend und kaum vorstellbar sein, doch zum Ausgleich kann man die Figuren hier aus großer Nähe betrachten. Die Detailtreue ist außerordentlich. Das ist vielleicht bei englischen Grabfiguren aus Alabaster ähnlich (wenn auch 1500 Jahre später), doch die zeigten oft standardi-

sierte Archetypen, dies aber sind Individuen, womöglich Porträts. Die Haltung der Figuren ist so natürlich – ein junger Mann mit leicht hängenden Schultern, ein kopfloser Ringer und, wie Neil hervorhebt, die Generäle immer dicker als die Soldaten. Die beschädigte Figur eines Akrobaten sieht aus wie eine von Degas oder Marini und ist – vielleicht wegen der Beschädigung – die einzige, die nicht völlig naturalistisch wirkt. Die Menschlichkeit der kleinen Einzelheiten macht sie so anrührend. Als wir den Saal verlassen, gehen wir an einem knienden Bogenschützen vorbei, dessen sorgfältig gestaltete Haare R. auffallen, während mich das Gewebe seines Strumpfes beeindruckt. Selten bin ich so unmittelbar befriedigt und so wenig verwirrt aus einer Ausstellung gegangen. Die Umstände der damaligen Zeit und die gesamten gesellschaftlichen Verhältnisse, die sind mir ein Rätsel, nicht aber die Objekte selbst. Es ist Proust in Gips (abgesehen davon, dass es Terrakotta ist).

DIE PERFEKTE MILCHFLUGKURVE

Ein Rundgang durch die City Art Gallery in Leeds

Diese Aufzeichnungen sind anlässlich einer Fernsehdokumentation mit dem Titel Portrait or Bust *entstanden, die Jonathan Stedall und ich im Dezember 1993 über die Leeds City Art Gallery gedreht haben.*

Ich weiß nicht, ob ich viel Sinnvolles über die Gemälde zu sagen habe, die tatsächlich in der Leeds City Art Gallery hängen, abgesehen von »Das sind die Bilder, die mir gefallen«. In der Sendung habe ich nichts anderes getan, als meine eigene Unwissenheit auszustellen, in der Hoffnung, dass ich damit andere Menschen, die sich auf dem Gebiet der Kunst ähnlich unzulänglich fühlen, dazu ermutigen kann, das Museum dennoch zu besuchen. Die Sammlung in Leeds ist schließlich nicht besonders einschüchternd. Zunächst einmal ist sie relativ überschaubar und wenig Ehrfurcht gebietend, und wer zwei Stunden Zeit hat, schafft es, sich den größten Teil anzusehen. Nimmt man die Aquarelle aus, liegt der Schwerpunkt auf dem 20. Jahrhundert, und die Sammlung verfügt über einige der besten modernen britischen Gemälde, die es außerhalb Londons zu sehen gibt.

Als Schüler erledigte ich meine Hausaufgaben in der Bibliothek nebenan und ging häufiger ins Museum, nicht weil ich die Bilder anschauen wollte, sondern weil ich eine Pause brauchte. Ich lernte die Bilder per Zufall kennen, beinahe per Osmose: Ich absorbierte sie einfach. Und ich meine, dass sich daraus auch meine Einstellung zum Fernsehen ableitet, denn ich glaube, dass viele Menschen das Gerät einfach wahllos einschalten, ohne klare Vorstellung, welche Sendung sie sehen wollen, genauso willkürlich und aus den verschiedensten Gründen, wie sie ins Museum kommen. Doch wenn man den Leuten gute Komödien, gute Dramen und gute Dokumentationen bietet, kann man sie unterhalten und zugleich für künstlerische Erhebung sorgen, und das Gleiche gilt für gute Gemälde.

Sosehr mir ein Bild auch gefällt, ich lungere selten lange davor herum, sondern gehe los und kaufe mir stattdessen die dazugehörige Postkarte. Kunst geht auf die Füße. Ich kann Herumstehen nicht leiden und bin in Museen schneller erschöpft als sonst irgendwo, abgesehen vielleicht von Buchantiquariaten.

Mein ideales Museum würde man auf einer Schmalspurbahn durchfahren, und vor Gemälden, die einem gefallen, könnte man sich auf ein Seitengleis rangieren lassen. Wie Bernard Berenson stundenlang vor einem Bild stehen konnte, ist mir ein Rätsel. Da ist mir die Postkarte allemal lieber.

Zum ersten Mal betrat ich die Art Gallery in Leeds zu Beginn des Zweiten Weltkrieges im Alter von acht Jahren. Kunst gab es damals sehr wenig zu sehen, da in Erwartung deutscher Luftangriffe der größte Teil der städtischen Gemälde an einen sicheren Ort verbracht worden war. Hektische Aktionen dieser Art fanden in den ersten Kriegsmonaten überall im Land statt, am berühmtesten natürlich die in London, wo der wertvolle Bestand der National Gallery in Kisten verpackt, in ein Schieferbergwerk in Wales geschafft und dort unter Tage eingelagert wurde.

Da Leeds keine Meisterwerke wie die Metropole vorzuweisen hatte, wählte man ein näher liegendes

Asyl, nämlich den Landsitz Temple Newsam. Ich stelle mir gerne vor, dass die Bilder in die Straßenbahn verladen wurden und die kurze Fahrt über die York Road, durch Halton, dann den belaubten Weg bergan, am städtischen Golfplatz vorbei zum Temple Newsam House zurücklegten. Diese Fahrt hatte ich schon mehrmals mit meiner Großmutter unternommen. Die Gegenüberstellung jedoch war entlarvend: In London eine Nacht-und-Nebel-Aktion in letzter Sekunde an einen fernen, malerischen Zufluchtsort; in Leeds eine Straßenbahnfahrt mit Einzelfahrschein. Solange ich denken kann, erfüllte das Leben – oder jedenfalls das Leben in Leeds – nie ganz die Erwartungen.

Aber jetzt sind wir in der Art Gallery, irgendwann im Jahr 1942, und die 3. Klasse der Upper Armley National School machte mit ihrer Lehrerin Miss Timpson einen Ausflug in die Stadt, um sich eine Ausstellung anzuschauen, die irgendwas mit der *Ark Royal Week* zu tun hatte, also der Spendensammlung für das Kriegsschiff *HMS Ark Royal,* dessen Patenschaft die Stadt Leeds übernommen hatte. Miss Timpson war eine dünne, strenge Frau, die ihre grauen Haare zu einem Knoten band und die Beine einer älteren Dame hatte, wie man sie heute anscheinend nicht mehr findet: Die Waden beginnen an den äußeren Ecken des Rocksaums und laufen dann an den Fesseln zusammen. Wir hatten uns das Spendenbarometer an der Rathaustreppe angeschaut, und jetzt hatte Miss Timpson uns an das hintere Ende eines vollen Saals im Museum geführt, wo ein Chor von Waisen aus dem Jungenheim, die man zu Seepfadfindern zwangsrekrutiert hatte, das Lied »Pedro the Fisherman« sang und pfiff.

Unterhaltung hatte in jenen frühen Kriegstagen Seltenheitswert, doch selbst ich merkte, dass diese Darbietung kein Zuschauermagnet war, und es dauerte nicht lange, bis die Aufmerksamkeit der Klasse 3 abschweifte. Allerdings gab es sonst nicht viel zu sehen, nur ein gewaltiges Gemälde war nicht evakuiert worden, weil es entweder zu groß oder ohne künstlerischen Wert war. Obwohl so etwas wie künstlerischer Wert nicht besonders hoch bei ihnen im Kurs stand, waren zwei kühnere Jungen aus der Klasse, Rowland Ellis und John Marston, zu dem Bild hinübergegangen, um es sich näher anzusehen.

Es war eine riesige Leinwand, großflächig ist Farbe zu einem insgesamt braunen Firnis vermischt, und das Gemälde stellte die Nachwehen irgendeiner großen Schlacht dar, eine dieser Schlachten, wie sie immer in der Bibel beschrieben werden, mit Bergen von Toten und erbarmungswürdig flehenden Verwundeten. Die Nacht bricht an, und Frauen gehen über das Schlachtfeld, um den Verletzten Trost zuzusprechen und nach ihren Angehörigen zu suchen. Unter diesen sticht eine auffällige Gestalt hervor (die meine Mutter »eine kräftig gebaute Frau« genannt hätte) – kühn, voller Verachtung und durch ihre vielen Armreifen als bedeutende Person gekennzeichnet. Sie steht breitbeinig über einem verwundeten Kämpfer, womöglich ihr Gefährte, auf jeden Fall aber ein Mensch, mit dem sie vertraut ist, denn sie hat ihr Mieder aufgerissen, lehnt sich von dem am Boden Liegenden weg und präsentiert eine üppige Brust.

Einige Jungen aus Klasse 3 (ich nicht) fingen an, sich anzustoßen und zu kichern. Ich jedoch galt als scheues Kind (schlau käme der Wahrheit näher), also hielt ich mich zurück und behielt mit einem Auge Miss Timpson im Blick, während ich mit dem anderen das erstaunliche Werk betrachtete.

Eine so unverfroren vorgezeigte Brust war selbst im sauberen Kontext der Kunst im Jahr 1942 kein alltäglicher Anblick, es konnte also kaum verwundern, dass Klasse 3 zu grinsen anfing. Doch im Museum war es düster, und das Gemälde war nicht weniger düster, daher ließ sich erst allmählich erfassen, was diese dreiste Frau mit ihrer Brust anstellte, und als das klar wurde, verwandelte sich die Heiterkeit der Klasse 3 in ehrfürchtiges Staunen.

Anscheinend ohne jede Scham spritzte die Dame, die womöglich die britannische Königin Boudicca war (obwohl sie auch eine gewisse Ähnlichkeit mit Mrs Hutchinson, der Pfarrersfrau, hatte), den Inhalt ihrer Brust in den (höchstwahrscheinlich) ausgetrockneten Mund des verletzten Kriegers. Natürlich war dieses Vorgehen für die Klasse gänzlich neu, doch was uns wirklich beeindruckte, war ihre Zielgenauigkeit. Der Abstand betrug mindestens drei Meter. Sicher, vielleicht hatte sie erst in alle möglichen Richtungen gespritzt, bevor sie endlich traf, doch im abgebildeten Augenblick war ihr die perfekte Milchflugkurve gelungen.

Vielleicht war ich von dieser Leistung weniger überrascht als die anderen. Ich kannte Jungen, die genauso zielgenau spucken konnten, und ich nahm dies als mögliches weibliches Äquivalent hin. Ich konnte nicht spucken, jedenfalls nicht über eine größere Distanz, und nie hatte ich einen solchen reichen Speichelvorrat zur Verfügung, wie ihn die gröberen Jungen offenbar stets bereithielten. Ich glaube, ich wusste schon mit acht: Nicht spucken können bedeutete, dass ich viele andere Dinge ebenso wenig können würde (Kopfsprünge, Kricketbälle werfen, in der Öffentlichkeit pinkeln, vom Barkeeper beachtet werden); ich wusste: Nicht spucken können war nur die Spitze eines Eisbergs, der so riesig war, dass er mein Leben lang neben und unter mir treiben würde. Wie dem auch sei.

Eine kurzes Verstummen des Chors, bevor er »Bobby Shaftoe« anstimmte, lenkte Miss Timpsons

Aufmerksamkeit wieder auf uns, und plötzlich entdeckte sie ihre Schüler, darunter auch mich, um dieses Bild geschart. Von Jungen wie Rowland Ellis und John Marston (die natürlich beide spucken konnten) hätte sie nichts Besseres erwartet, als über unanständige Bilder zu kichern, doch meine Rolle war das nie gewesen. So ein Junge war ich nicht, doch nun sollte ich mit dem lüsternen Rest in einen Topf geworfen werden. Aber ich war ein altkluger Knabe, und kaum hatte ich die Gefahr bemerkt, da manövrierte ich mich auch schon aus der Lage heraus.

»Miss«, fragte ich ganz unschuldig, »ist das gemeint, wenn jemand ›Schmerzen stillen‹ sagt?«

»Nein, Alan«, sagte Miss Timpson scharf, »das hier ist gemeint, wenn man von Schweinkram redet. Aber immerhin eine intelligente Frage. Hattest du auch noch eine, Rowland Ellis?« Doch der grinste nur und wunderte sich über den Klaps, den er dafür bekam.

»Dann kommt bitte weiter, Kinder«, mahnte Miss Timpson. »Nebenan zeigen ein paar Damen, wie man Seemannssocken strickt. Vielleicht können wir da noch etwas lernen. Und passt alle gut auf, denn ihr werdet einen Aufsatz hierüber schreiben, wenn wir wieder in der Schule sind.«

Ich habe keine Ahnung, wo dieses Nach-der-Schlacht-Gemälde jetzt hängt, und das Museum ebenso wenig. Es ist so spurlos verschwunden, dass ich schon argwöhnte, es mir nur eingebildet zu haben; doch mein Bruder kann sich ebenso daran erinnern wie mehrere andere Museumsbesucher und der Leiter der Kulturbehörde, Bernard Atha – ich phantasiere also nicht. Ich halte das Verschwinden des Bildes allerdings für keinen großen Verlust, weder für die Kunst noch für die Erinnerung, denn sollte es wieder auftauchen, käme es uns sicher viel braver vor als unseren achtjährigen Augen damals.

Trotz Miss Timpsons strikter Regeln ist eine der ersten Lektionen, die man als Kind im Museum lernt, dass Kunst immer anständig ist, dass es bei Kunst und Antiquitäten anständig ist, einfach zu glotzen.

»Wenn es Kunst ist, ist es in Ordnung.« Einmal war ich in der Hayward Gallery bei einer Ausstellung indischer Malerei, *Tantra* hieß sie, und auf einer Tafel war eine Göttin, nehme ich an, abgebildet, die sechs gut gebaute junge Männer alles Mögliche mit sich anstellen ließ, in jeder vorstellbaren Körperöffnung, und das außerordentlich genoss. Vor dem Bild standen zwei sehr anständige Mittelschichtsdamen mittleren Alters. Irgendwann sagte schließlich eine der beiden:

»Meine Güte! Die hat aber gut zu tun!«

Aber reden wir lieber über ein paar der Gemälde, die man in der Leeds City Art Gallery anglotzen kann.

WILLIAM HOLMAN HUNT:

Der Schatten des Todes, 1870

Dieses Bild ist womöglich das berühmteste in diesem Museum: Holman Hunts *Der Schatten des Todes,* auf dem Maria eine Vision vom nahenden Tod Jesu hat. Es gibt noch eine größere Version dieses Gemäldes in Manchester, aber dieses hier war das Original, eine etwas kleinere Ausführung, die Hunt auf Reisen mit sich führen konnte, um Änderungen daran vorzunehmen.

Er malte das Bild am Originalschauplatz in Palästina und gab sich außerordentliche Mühe, um den Hintergrund und die Werkzeuge korrekt darzustellen. Jesu Körper gehörte zu einem Modell, der Kopf zu einem anderen, der ganz und gar nichts von Christus hatte, sondern in Wirklichkeit ein berüchtigter Schurke war, und einmal, als er ihn malen wollte, musste Hunt erst ins örtliche Gefängnis und eine Kaution für ihn hinterlegen.

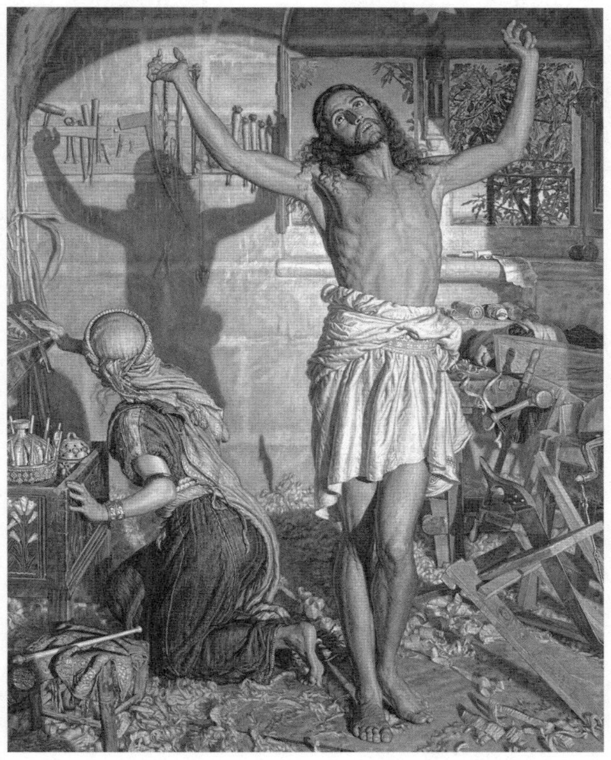

William Holman Hunt: Der Schatten des Todes (1870)

Es ist vollkommen unklar, was Jesus auf dem Bild eigentlich tun soll, außer einen passenden Schatten zu werfen; ich nehme an, er soll sich nach einem anstrengenden Arbeitstag dehnen und strecken, aber danach sieht es kaum aus. Als Kind hat es mich immer gewundert, dass Jesus (und ich meine nicht bloß diesen, sondern jeden Jesus), mal abgesehen von seinem Kopf, nirgendwo sonst Haarwuchs besaß. Nie fand sich auf der stets knochigen Brust auch nur ein Büschel Haare; Gott schien seinen eingeborenen Sohn ganz ohne Achselhaar auf die Welt gesandt zu haben. Das allerdings kam mir bekannt vor, denn ich war ein Spätentwickler, und noch mit fünfzehn sehnte ich mich nach der Pubertät. In Jesu Pose hier erkannte ich mich selbst wieder, wie ich im Sportunterricht gekreuzigt an der Sprossenwand hing und meinen viel behaarteren Klassenkameraden die noch unbeflaumten Achselhöhlen zeigte.

Die Heiligen Kyrill und Justin waren der Ansicht, Christus müsse (oder sollte) schäbig und abscheulich gewesen sein, »der hässlichste der Menschensöhne«. Damit konnten sie bei den Mächtigen natürlich nicht landen. Der Filmmagnat Louis B. Mayer war da auch nicht anders als die Kirchenväter. Sie wussten, wer groß angekündigt wird und seinen Namen über dem Titel stehen hat, kann kein Penner sein. Es gab also nie einen dicken Jesus oder auch nur einen kleinen Jesus, sondern immer einen Traumtypen, auch wenn wir das natürlich nicht so sagen dürfen.

Und so ernst. Durchstreifen Sie die Museen der Welt, und Sie werden nirgends das Bild eines grinsenden Jesus finden. Eines Jesus, der über einen Witz lacht. Ein Gott, der selten lächelte, ein Mensch, der niemals kicherte. Hat er Witze überhaupt verstanden?, fragt man sich. Und gab es welche auf seine Kosten?

Es gibt hier im Museum nicht viele Bilder von Jesus, was mir entgegenkommt, denn meine Toleranzschwelle für Christusbilder ist ziemlich niedrig. Je später sie entstanden sind, desto schwerer finde ich sie zu ertragen, und wenn wir im 19. Jahrhundert angelangt sind, kommt Jesus den Versionen schon unangenehm nahe, die wir zum Einkleben in unsere Bücher in der Sonntagsschule bekamen und die kaum kränklicher aussahen.

REMBRANDT VAN RIJN: *Jesus mit seinen Eltern, aus dem Tempel heimkehrend, 1654*

Über solche Pietätlosigkeiten erhaben ist Rembrandts Radierung *Jesus mit seinen Eltern, aus dem Tempel heimkehrend,* auf der die drei ganz und gar nicht wie die Heilige Familie aussehen, sondern wie Bauern auf dem gemeinsamen Spaziergang, inklusive Hund. Der ist einer von Rembrandts ausgelassenen und völlig unsymbolischen Hunden. Vielleicht ist er darum auch so ausgelassen, weil er weiß, dass er weder Treue noch Vertrauen oder sonst etwas aus dem *Lexikon der Themen und Symbole in der Kunst* darstellen muss. Er ist einfach froh, ganz Hund zu sein.

ATKINSON GRIMSHAW:
Park Row, Leeds, im Mondlicht, 1882

Wer Leeds kennt, wird dieses Bild – *Park Row* von Atkinson Grimshaw – als fast dokumentarische Darstellung der Straße empfinden, wie sie noch bis ins Jahr 1960 aussah (abgesehen von der Kirche), bevor die Stadt der Gier und der Mittelmäßigkeit zum Opfer fiel.

Einige alberne Vertreter der politischen Rechten wünschen sich heute, die Sechziger hätten nie stattgefunden, weil die Leute damals Sex und Marihuana entdeckt haben. Ich wünschte, die Sechziger hätten nie stattgefunden, weil damals Habgier und Dummheit ans Lenkrad des Bulldozers gelangt sind. Sie nannten das Unternehmergeist und tun es heute noch, aber wirklicher Unternehmergeist hätte darin bestanden, 1960 den Mumm und die Phantasie aufzubringen, um zu sagen: »Lassen wir die Stadt doch, wie sie ist, vielleicht können wir Gebäude anders nutzen, neue Strom- und Wasserleitungen legen, aber sonst nichts.«

Wäre das geschehen, könnte Leeds heute eines der architektonischen Vorzeigeobjekte Großbritanniens sein, ein viktorianisches Genua oder Florenz, deren Bauwerken viele der Banken und Handelshäuser in Leeds (wie jenes im Vordergrund des Gemäldes) nachempfunden waren. Stattdessen sieht es hier heute aus wie überall sonst.

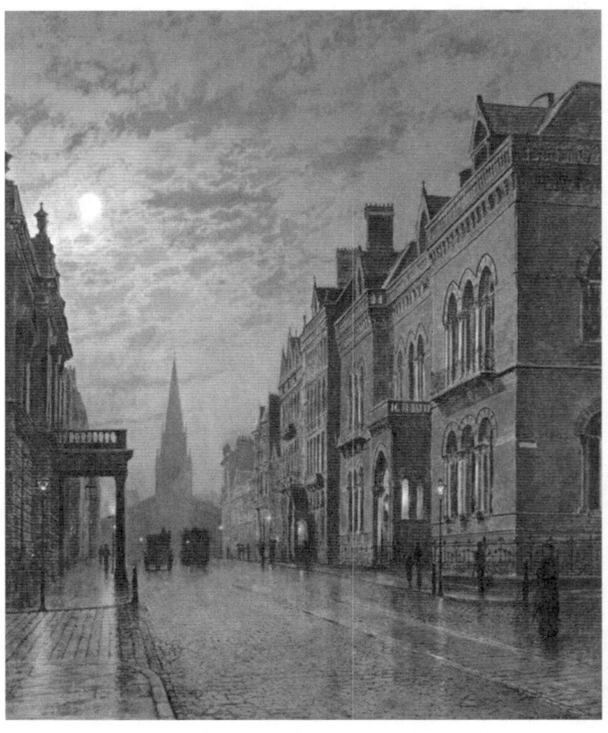

Atkinson Grimshaw: Park Row, Leeds, im Mondlicht (1882)

PATRICK WILLIAM ADAM: *Innenansicht, Rutland Lodge, Potternewton, 1920; Innenansicht, Rutland Lodge: Blick durch die offene Tür, 1920*
GEORGE CLAUSEN:
Mädchen in Schwarz, 1913

Der Name Sam Wilson lässt an einen schwerfälligen Fabrikbesitzer denken, der breitbeinig auf dem Kaminvorleger steht, die Daumen in die Weste gehakt, der über die Unzulänglichkeit seiner Arbeiter schimpft und ganz gern mal ein Machtwort spricht. Tatsächlich aber war Sam Wilson offenbar ein anspruchsvoller, wenn auch eher konservativer Kunstsammler, und sein Landsitz in Potternewton muss randvoll gewesen sein mit den Gemälden, die er 1915 der Leeds Art Gallery vermachte.

Ich habe drei ausgewählt – zwei, an die ich mich aus meiner Kindheit erinnere, und das dritte von George Clausen, weil es mich heute anspricht. Die beiden Innenansichten von Wilsons Haus, gemalt von Patrick William Adam, sind künstlerisch nicht bemerkenswert, aber ich habe sie früher oft angeschaut und gedacht, dass ich gern eines Tages in so einem Haus leben würde – ein Haus mit stillen, hübschen Zimmern, mit Zimmern, die zu weiteren Zimmern und dahinter zu noch mehr Zimmern führten, alle in wässriges, gedämpftes Licht getaucht, die Kulisse für ein Leben in prachtvoller Eleganz. Ein größerer Kontrast zu unserem hausbackenen (aber auch sehr gemütlichen) Wohnzimmer in der Otley Road war kaum denkbar.

Diese Vision eines geschmackvollen Lebens bleibt eine Vision (und eine inzwischen unerwünschte), doch die Möglichkeit langer Blicke durch die Räume eines Hauses verschafft mir immer noch Genuss, wenn ich durch die oberen Stockwerke des Temple Newsam House gehe.

JOHN SELL COTMAN: *Am Ufer des River Yare, 1807/08; Refektorium des Klosters Walsingham, 1807/08; Gepflügter Acker, circa 1807*
Ich weiß, dass meine Vorliebe für Cotmans Aquarelle in ästhetischer Hinsicht mit meinem Faible für die Künstler der Camden Town Group verbunden ist. Beide verwenden eine relativ schmale Palette von Farben, und die Nähe der verwendeten Farbtöne verleiht dem Papier oder der Leinwand eine Art Glanz, der mich mehr anzieht als Thema, Pinselstrich oder Szenerie.

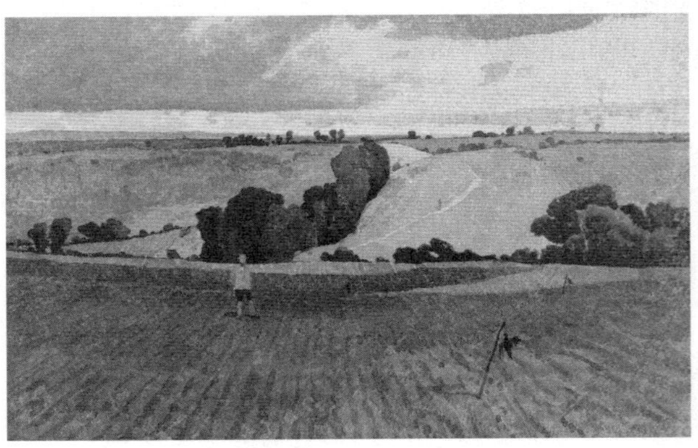

John Sell Cotman: Gepflügter Acker (circa 1807)

Ich kann nichts über die Komposition dieser wundervollen Gemälde sagen, obwohl sogar ich sehe, dass die rote Kappe des Mannes im Bildzentrum von *Am Ufer des River Yare* ein genialer Einfall ist. Der Genuss entspringt zum Teil sicher aus Nostalgie, aus einer Sehnsucht nach England, wie es früher war – oder vielleicht nie ganz war, denn Cotman erschafft diese Welt mindestens ebenso sehr, wie er sie dokumentiert.

Etwas prosaischer wirkt die Krähe, die auf dem Bild *Gepflügter Acker* an einem Stock baumelt – ein ländliches Phänomen, das mir immer ein Rätsel war. Die Kadaver von Krähen (und auch die von Maulwürfen) so auszustellen ist (oder war) eine bei Wildhütern beliebte Methode, doch welchem Zweck sie diente, ist mir nicht ganz klar. Vielleicht will der Wildhüter oder Landwirt nur seine Fähigkeit als Krähentöter und Maulwurffänger unter Beweis stellen. Doch mir scheint es, als würden die unglücklichen Kreaturen auch als »grauenvolle Warnung« aufgehängt. Die noch nicht erschossenen oder gefangenen Krähen und Maulwürfe sollen die Leichen ihrer Artgenossen bemerken und sich die Lehre zu Herzen nehmen: In Zukunft müssen sie sich bessern (will sagen, sich nicht mehr wie Krähen oder Maulwürfe benehmen). Es liest sich etwas flapsig, wenn man es so aufschreibt, aber ich nehme an, hinter solchen Zurschaustellungen steht ein nicht völlig zu Ende gedachter Gedanke, abgeleitet von der Annahme, dass potenzielle menschliche Missetäter sich von den Leichen der Diebe abschrecken lassen, die man am Galgen hängen lässt.

ANDRÉ DERAIN: *Boote auf der Themse, circa 1906*
Ich weiß noch, dass ich dieses Gemälde als Kind – ohne irgendetwas über die Fauvisten zu wissen – für ein ziemlich wildes Bild hielt und ziemlich stolz auf mich war, dass es mir gefiel. Die Farben waren so kühn und kompromisslos, doch prosaisch, wie ich damals dachte, wusste ich, dass sie nicht wirklichkeitsgetreu waren und dass die viel trübere Version Londons, die man bei den Camden-Town-Malern im Museum zu sehen bekam, der Wahrheit näher kam.

Bei Derain gefällt mir, wie schamlos der Kran die Farbe von Rot zu Blau wechselt, wenn er die Horizontale der blauen Brücke passiert, und wie der freche Spielzeugzug in einem Grün, das wohl der Farbe der Southern Railways nahekommen soll, über die Brücke in Richtung Broad Street dampft. Ein schönes Ausstellungsthema (ich bin sicher, die gab es schon) wäre: Ansichten Englands im französischen Blick. Dazu würden Derain, Monet, Pissarro (von dem in Leeds ein gutes Beispiel hängt) und Agasse gehören.

Derain fand ein trauriges Ende. Während des Zweiten Weltkrieges verhielt er sich ziemlich unanständig und gehörte wie Vlaminck zu den wenigen Künstlern, die auf eine bezahlte Tournee durch Deutschland gingen. Nach der Befreiung wurde er von Picasso bloßgestellt. Er war groß und massig und in seiner Jugend Boxer gewesen; er starb 1954, nachdem er überfahren worden war. Als man ihn fragte, ob er irgendetwas wünsche, lauteten seine letzten Worte: »Ein Fahrrad und ein Stück Himmel.«

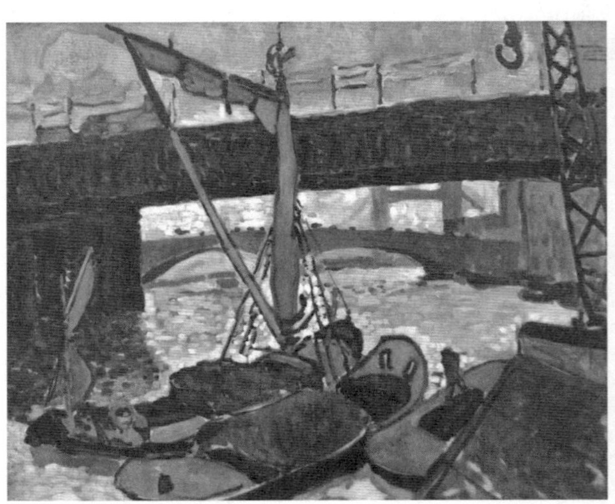

André Derain: Boote auf der Themse (circa 1906)

WALTER RICHARD SICKERT: *Die New Bedford Music Hall, 1916/17*
HAROLD GILMAN: *Mrs Mounter, 1916/17; In Sickerts Haus, circa 1907; Porträt von Spencer Frederick Gore, 1906/07*
JEAN ÉDOUARD VUILLARD: *Mlle Nathanson im Atelier des Künstlers, circa 1912*
SPENCER FREDERICK GORE: *In Berkshire, 1912; Innenansicht mit Akt, circa 1907*

Man sagt, wenn Menschen nach London ziehen, lassen sie sich in der Nähe des Bahnhofs nieder, an dem sie ankommen. Darum findet man nördlich von Euston (dem Bahnhof für Züge aus und nach Liverpool) die Iren; Southall (unweit von Heathrow) ist das Zentrum der asiatischen Gemeinde; und sogar die Australier in Earls Court stützen die Theorie, denn irgendwann einmal hatte British Airways dort seinen Passagierterminal.

Auch ich habe mich dieser Regel entsprechend verhalten: King's Cross war mein Ankunftsbahnhof, und seit dreißig Jahren lebe ich ganz in der Nähe, in Camden Town.

Auch wenn die grauenhafte Neugestaltung der Gegend um Camden Lock und die folgenden Touristenströme jedes auch nur annähernd normale Leben aus weiten Teilen des Viertels vertrieben haben, gibt es doch noch Gegenden in Camden Town, die sich seit der vorletzten Jahrhundertwende, als Sickert, Gilman und Gore hier malten, kaum verändert haben.

Sickert hat hier überall mal gewohnt, für kurze Zeit auch in meiner Straße, aber die blaue Plakette, die an ihn erinnert, hängt in Mornington Crescent. Spencer Gore lebte ebenfalls in der Nähe, doch seine Wohnung wurde in den Dreißigern abgerissen, weil an derselben Stelle die Black-Cat-Zigarettenfabrik errichtet wurde, selbst ein Denkmal des Art

Déco, das jedoch in den sechziger Jahren aller charakteristischer Merkmale beraubt wurde.

Als ich nach Camden zog, stand ein Teil der New Bedford Music Hall noch, und das Grundstück liegt heute immer noch brach. Mir gefällt Sickerts Ansicht, doch wenn ich mir eines seiner Gemälde aussuchen könnte, wäre es die Fassade des Markusdoms in Venedig. Das Bild hing in den Fünfzigern hier in Leeds, aber es war nur eine Leihgabe und wurde inzwischen zurückgefordert.

Zur französischen Malerei bin ich sozusagen rückwärts gekommen. Ich mag Vuillards Innenan-

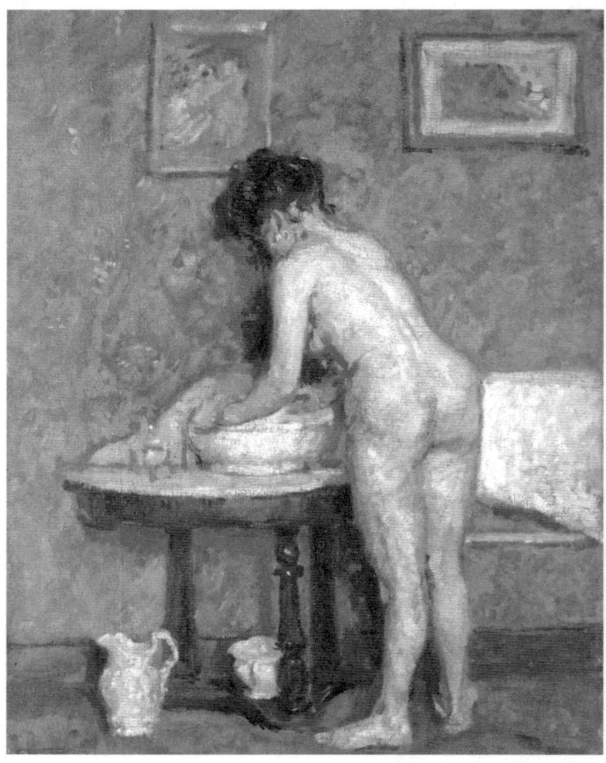

Spencer Frederick Gore: Innenansicht mit Akt (circa 1907)

sichten, doch Harold Gilman kannte ich zuerst, ich habe also über Camden Town den Weg nach Paris gefunden. Das hat jetzt nichts mit Patriotismus zu tun, aber ich finde es schade, dass so viele englische Maler der Moderne gegenüber ihren französischen Zeitgenossen als zweitklassig eingeschätzt werden. Die Gründe dafür sind ebenso kommerzieller wie künstlerischer Natur; die Preise der Bilder sind relativ bescheiden geblieben, weil so wenige Amerikaner etwas von englischer Malerei des 20. Jahrhunderts verstehen, mit einigen namhaften Ausnahmen wie beispielsweise Vincent Price, der mehrere Gemälde der Camden Town Group für – nach internationalen Maßstäben – ein Butterbrot erwarb. Leeds verdankt die meisten seiner hervorragenden Camden-Town-Werke dem Geschmack und dem Weitblick Frank Rutters, der von 1912 bis 1924 Direktor des Museums war und über Spencer Frederick Gore sagte: »Er war der liebenswürdigste Mensch, den zu kennen ich die Ehre hatte.« Gore, in mancher Hinsicht der feinste Maler der Gruppe, starb recht jung an einer Lungenentzündung, gerade als seine Bilder allmählich sonniger und heller wurden.

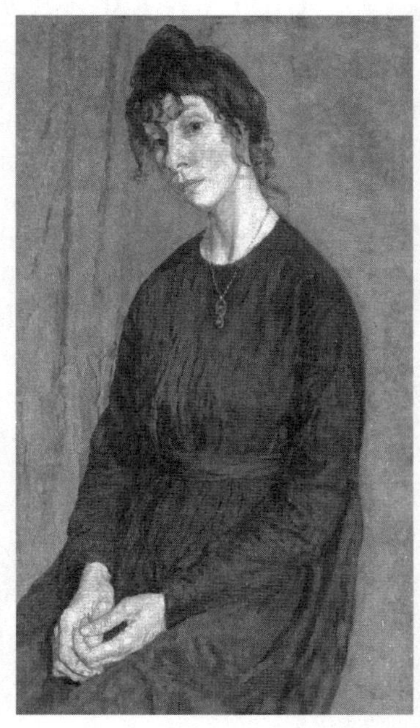

Gwen John: Porträt von Chloë Boughton-Leigh (1910 – 1914)

GWEN JOHN:
Porträt von Chloë Boughton-Leigh, 1910–1914

Gwen John war die Schwester von Augustus John – oder vielleicht sollte man sagen, dass Augustus Gwens Bruder war, denn während ihr Ansehen sich seit ihrem Tod 1939 stetig vergrößert hat, ist sein Ruf inzwischen eher durchwachsen. Sie war in fast jeder Hinsicht das genaue Gegenteil ihres Bruders, von Natur aus bescheiden und scheu, auch malte sie eher zurückhaltend und zart, aber mit großer Kraft. Sie war mit Rodin befreundet und bewunderte James McNeill Whistler.

In ihrer Hingabe, ihrer Askese und ihrer Gleichgültigkeit gegenüber Ruhm und Ehre (sie stellte ihre Werke nur selten aus) erfüllt Gwen John ein Klischee des Künstlerlebens, genauso wie ihr extravaganter Bohème-Bruder ein anderes verkörpert.

ROGER FRY: *Porträt von Virginia Woolf, circa 1910; Porträt von Nina Hamnett, 1917*
DUNCAN GRANT: *Stillleben, 1930*

Roger Fry wird in der Sammlung des Museums durch ein kleines und nicht sonderlich interessantes Landschaftsbild vertreten. Seine ästhetischen Theorien waren einflussreicher als seine künstlerischen Werke, doch besonders seine Porträts fand ich immer sehr befriedigend. Das *Porträt von Nina Hamnett* aus der Kunstsammlung der Universität Leeds ist ein hervorragendes Beispiel.

Das *Porträt von Virginia Woolf* ist eine Leihgabe und muss um 1910 gemalt worden sein. Der angestrengte Gesichtsausdruck und die hochgezogenen Schultern deuten darauf hin, dass sie, wie so oft, am Rande eines Zusammenbruchs stand. Doch sie ließ sich überhaupt nicht gern porträtieren, womöglich rührt die Anspannung also auch daher.

Duncan Grant war mit Virginia Woolfs Schwester Vanessa Bell verheiratet, und dieses *Stillleben* malte er 1930.

Maler scheinen im Allgemeinen nettere Menschen zu sein als Schriftsteller, obwohl sie auch selbst oft ganz gute Autoren abgeben. Sie neiden einander weniger, wetteifern weniger, teilen eher das Gefühl, alle gemeinsam an derselben Aufgabe zu arbeiten. Ich habe Duncan Grant einmal getroffen, als er schon sehr alt war, und habe ihn gefragt, ob er andere Maler beneide. Er zögerte lange und sagte dann: »Tizian … manchmal.« Das war eine gute Antwort – nicht bloß ein Scherz, sondern auch ein Tadel, weil ich so oberflächlich gedacht hatte.

Als wir die Dokumentation *Portrait or Bust* drehten, sah ich einen kleinen Jungen, der mühsam das Schildchen am Fuß von Barbara Hepworths *Duale Form* entzifferte, dann zu der Skulptur aufsah, grinste und »Richtig gut ist das!« sagte. Da ging mir auf, dass man an einen Punkt kommt – vor allem in der Musik und den bildenden Künsten –, an dem sich der Geschmack nicht mehr weiterentwickelt oder jedenfalls stockt. So bin ich bei den englischen Komponisten nie weit über William Walton und Vaughan Williams hinausgelangt, und wenn ich in der englischen Malerei auch nicht unbedingt stehen bleibe, so werde ich doch Ende der Fünfziger deutlich langsamer und richte mich mit dem ein, was ich schon kenne. So mag ich beispielsweise die glatten, geschmeidigen Formen Henry Moores, weniger hingegen (zumindest fühle ich mich etwas unwohl dabei) die spitzköpfigen Figuren, die ihnen folgen. Und im Gegensatz zu dem kleinen Jungen kann ich mit Barbara Hepworth nicht viel anfangen.

JACOB KRAMER:
Versöhnungstag / Jom Kippur, 1919
JACOB EPSTEIN: *Büste Jacob Kramer, circa 1921*

Obdachlose sind, würde ich sagen, ein Berufsrisiko für Museen mit freiem Eintritt, besonders heutzutage, doch es täte mir leid, wenn man sie wegschicken würde, denn ihr Recht, Kunstwerke anzuschauen (oder nicht anzuschauen), ist ebenso unveräußerlich wie das meine.

Doch ich verstehe auch, dass sie Probleme verursachen können. Ich habe einmal ein Fernsehspiel geschrieben, in dem eine Szene in einem kleinstädtischen Museum spielt – ein Dialog zwischen einem bodenständigen Aufseher und einem gelegentlichen Besucher.

BESUCHER: Na, wie sieht's aus, Neville? Gar nichts los?
AUFSEHER: Oh doch. Absolut überlaufen. *(Das Museum ist leer.)*
BESUCHER: Dein Job würde mir auch gefallen.
AUFSEHER: Hat auch so seine schlechten Seiten. Hier kommt so viel Gesindel reingeschlichen, ich komme mir manchmal schon wie ein Sozialarbeiter vor. Das ist nämlich eine ihrer beliebten Anlaufstellen hier. Museum und Sozialamt. Kommen allerdings nicht der Bilder wegen.
BESUCHER: Nein?
AUFSEHER: Nein. Wegen der Zentralheizung. Echte Kunstliebhaber kann man schon kilometerweit erkennen. Die gucken sich ein Bild an und suchen nach Lichteffekten. Pinselstrich. Wirkungsökonomie. Nicht so die Sorte, die wir hier abkriegen. Lumpenpack. Pöbel. Menschliches Treibgut. Der Abfall einer kranken Gesellschaft. Stell ihnen ein halbes Dutzend Rembrandts hin, da gehen sie nicht mal in die Nähe. Aber wenn man den Kessel drei Grad höher regelt, ist es knüppelvoll.

(Er hält einen weiteren Besucher an.)

Sie suchen wohl nicht den Turner?
BESUCHER 2: Pardon?
AUFSEHER: Nein. Entschuldigung. Den wollen normalerweise alle sehen. Alle, die ein bisschen Ahnung haben. »Wo hängt der Turner?« Verdammter

Turner. Ich kann daran nichts finden. Sieht aus, als ob es zu lange im Regen gestanden hätte. Einmal war Kenneth Clark hier im Museum. Genau das Gleiche. »Wo hängt der Turner?« So einen Anzug wie seinen habe ich nie wieder gesehen. Ein Tweed! Sah aus wie Seide. Aber manche kommen auch bloß rein, weil wir bessere Urinale haben als anderswo. Gucken sich den Turner an, benutzen das Urinal und wieder raus. Und wer zahlt's? Genau. Der Steuerzahler.

Ende der Vierziger war oft ein Obdachloser hier im Museum, der entweder in der Ausstellung herumlungerte oder in einer Ecke der Bibliothek zusammengesunken über einem Kunstkatalog hockte. Dabei war er gar kein Obdachloser, sondern ein recht renommierter Maler, nämlich Jacob Kramer, und Epsteins Büste von ihm ist eine der kraftvollsten Skulpturen hier in der Art Gallery. Kramer war Jude, seine Familie stammte aus der Ukraine, eine von vielen Tausend Familien, die Ende des 19. Jahrhunderts nach Leeds kamen. Als junger Mann

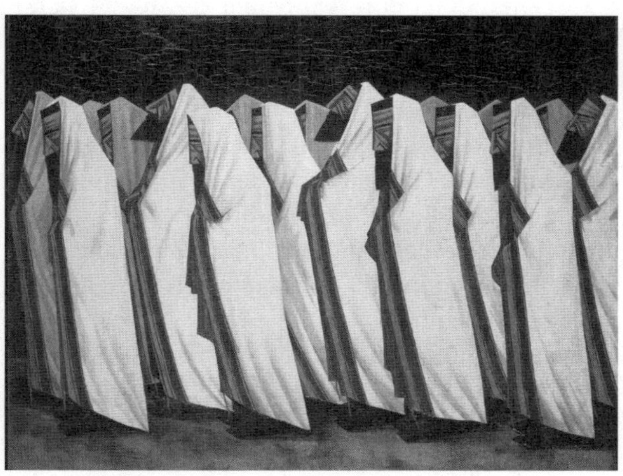

Jacob Kramer: Versöhnungstag / Jom Kippur (1919)

gehörte er zum Vortizismus, war ein Bundesgenosse von Percy Wyndham Lewis und William Roberts. Es fällt mir schwer zu benennen, was Vortizismus überhaupt ist; in meinem Kopf ist es immer die »zackige Malschule«, die englische Ausprägung des Kubismus; in Kramers *Versöhnungstag* drücken sich sowohl sein Vortizismus als auch sein Judentum aus. Das Gemälde wurde 1920 unter einem Sturm antisemitischer Proteste im Museum enthüllt.

Auch nach dem Zweiten Weltkrieg gab es in Leeds noch eine Menge Antisemitismus, und ich erinnere mich, dass jüdische Jungen in meiner Schule regelmäßig schikaniert wurden, vor allem ein Junge, Alan Harris, musste sehr viel einstecken. Die Lehrer schauten meist weg oder machten sogar aktiv mit; ein Lehrer versetzte ihm aus einem ziemlich nichtigen Anlass eine gewaltige Ohrfeige. Jahre später traf ich diesen Lehrer, inzwischen friedlich pensioniert, in einer Teestube in Harrogate, und als er auf mich zukam, dachte ich: Ach ja, du bist doch der, der den Juden geschlagen hat. Heutzutage haben Menschen aus Asien die Juden an der Front abgelöst und leben dort, wo früher die Juden wohnten; mit dem Unterschied, dass wir heute über Vorurteile sprechen, während sie damals nie erwähnt wurden.

Kramer selbst starb 1962, kaum zu unterscheiden von vielen Obdachlosen, denen man außerhalb des Museums begegnet. Allerdings wurde im Jahr 1966 für kurze Zeit die Kunsthochschule von Leeds nach ihm benannt, er war also als Toter gefeierter denn als Lebender.

Die Sammlung ist zwar besonders gut mit britischer Malerei des 20. Jahrhunderts ausgestattet, aber natürlich gibt es unvermeidliche Lücken. Es finden sich hier beispielsweise nur zwei Aquarelle von Eric Ravilious, einem meiner Lieblingsmaler, der die Atmosphäre Großbritanniens im Zweiten Weltkrieg besser eingefangen hat als irgendjemand sonst. Und das Museum hat zwar zwei Gemälde von Duncan Grant, aber kaum Interessantes von seiner Ehefrau und langjährigen Kollegin Vanessa Bell.

Ein weiterer Abwesender ist David Hockney (abgesehen von einigen wenigen Radierungen), doch da der Großteil seiner Gemälde in Saltaire hängt, kommt die Region nicht unbedingt zu kurz. Vielleicht gibt es die uralte Rivalität zwischen Leeds und Bradford immer noch. Ich bin überzeugt, eines seiner Bilder wäre hier besser aufgehoben als an der Wand eines kalifornischen Millionärs.

In der Dokumentation *Portrait or Bust* habe ich die Anekdote zum Besten gegeben, wie ich einmal in einer Teestube in Arezzo für Hockney gehalten wurde. Das passiert weiterhin. Wenige Monate nach der Ausstrahlung der Sendung saß ich zwei oder drei Stunden am Flughafen von Nizza fest und wartete auf einen Flug. Wenn mir der Flug nicht bezahlt wird, reise ich immer in der Economy Class, aber mein Reisebüro, wo man offenbar meinen Status maßlos überschätzt, hat »VIP« auf meine Tickets gestempelt, eine größtenteils sinnlose Geste, die mir so gut wie nie eine Verbesserung im Komfort verschafft. Wie dem auch sei, anstatt drei Stunden lang auf einer harten Bank zu sitzen, dachte ich mir, dass ich versuchen könnte, meinen fiktiven VIP-Status auszunutzen, um in die Club Lounge eingelassen zu werden.

Eine ungerührte Stewardess verwehrte mir den Eintritt, ich erklärte mein Anliegen umständlich, worauf sie sich widerwillig dazu herabließ, einen Anruf zu tätigen. Während sie telefonierte, tippte mir jemand auf die Schulter. Es war eine Engländerin, die ihrem Gepäck und ihrer ganzen Haltung nach zu urteilen ein Erbrecht auf Zutritt zur Club

Lounge besaß und sich schon seit ihrer Geburt in Club Lounges aufgehalten hatte. »Darf ich Ihnen«, fragte sie freundlich, »zu Ihrem Bühnenbild für *The Rake's Progress* gratulieren?«

In diesem Augenblick legte die Stewardess auf und sagte: »Nein. Sie dürfen hier nicht hinein.«

Engländer haben sich in der Gegenwart von Kunst nie ganz wohlgefühlt und sind am glücklichsten, wenn sie Gemälde als Dekoration betrachten können; ich jedenfalls mag Bilder lieber in einem gewissen Rahmen, kann sie entspannter in einem Zimmer anschauen als an einer leeren weißen Wand. Besonders Malerei des 20. Jahrhunderts profitiert von häuslicher Umgebung. Mir gefiel zum Beispiel die Kombination von Gemälden und Mobiliar in der jüngsten Ausstellung über Herbert Read, und die intimen Ausstellungsräume in Kettle's Yard in Cambridge führen diese Mischung noch weiter. Auch die Bilder profitieren davon, und die Schwächen der Bloomsbury-Maler werden zu Stärken, wenn man ihre Werke als Teil einer umfassenden (wenn auch willkürlichen) Inneneinrichtung sieht, wie es in Charleston der Fall ist. Und natürlich gilt das auch für viel großartigere Künstler. Wie viele alte Meister, die jetzt in prachtvoller Vereinzelung in Museen hängen, gehörten früher zu üppigen und komplexen dekorativen oder andächtigen Arrangements, die wir uns heute kaum mehr vorstellen können?

Daher komme ich mir jetzt, fünfhundert Jahre später, weniger leichtfertig vor, wenn ich gern eine Blumenvase neben oder gar vor einem Gemälde sehe.

Diese Zusammenstellung ist schamlos rückwärtsgewandt und konzentriert sich auf Werke, die ich in diesem Museum entdeckt habe, als ich jung war. Was meine Generation damals besaß und was seither, so glaube ich, schwächer geworden ist, ist ein starkes Gefühl für die Stadt, eine Art Bindung. Ich habe erwähnt, dass Atkinson Grimshaws Darstellung der Park Row mich an Genua oder Florenz erinnerte. Ich glaube, es ist nicht vermessen, zu behaupten, dass man in den vierziger oder fünfziger Jahren ein Zugehörigkeitsgefühl zu Leeds hatte, das nicht so fern von den Empfindungen eines jungen Menschen gewesen sein kann, der in einem italienischen Stadtstaat des 15. Jahrhunderts aufwuchs.

Da war zunächst einmal das Stadtwappen. Damals wurde man in Leeds ständig und überall mit den Eulen und dem Lamm in der Schlinge und dem Motto *Pro Rege et Lege* konfrontiert. Man konnte diesen Wappen nicht entrinnen. Sie waren auf meinen Schulbüchern und an der Straßenbahnhaltestelle abgebildet; sie hingen auf dem Markt; sie prangten über dem Eingang der Zentralbibliothek (wo sie, ziemlich mitgenommen, bis heute überlebt haben). An jeder Ecke wurde man daran erinnert, dass man ein Sohn oder eine Tochter dieser Stadt war.

Hartnäckige Reste davon halten sich an unerwarteten Orten. Als wir die Fernsehdokumentation drehten, auf der diese Auswahl basiert, ging ich zufällig an der Seitenfassade des Metropole-Hotels entlang, und ohne erkennbaren Grund war, anscheinend über der Küchentür, das vertraute Wappen, der Stempel von Leeds, zu erkennen.

Ich bin überzeugt, dieses Zugehörigkeitsgefühl hat in anderer Form überlebt. Das West Yorkshire Playhouse ist bestimmt für manche der Mittelpunkt ihrer regionalen Identität; für andere ist es Leeds United (das zu meiner Jugend immer in der dritten Liga spielte). Und ich bin nicht so töricht zu sagen, dass es früher besser oder schlechter war; es war anders. Bei einer Sache jedoch bin ich mir sicher.

Meine Zuneigung zu dieser Kunstsammlung hat ihren Anfang Ende der Vierziger genommen, und sie ist in meinem Gedächtnis mit anderen prägenden Erfahrungen jener Zeit verbunden, beispielsweise mit den Büchern, die ich nebenan in der öffentlichen Bibliothek auslieh, oder mit den Konzerten des Yorkshire Symphony Orchestra, die ich jeden Samstagabend im Rathaus hörte. Die Bilder waren umsonst, die Bücherei war umsonst, und die Konzerte waren (bei sechs Pence pro Aufführung) so gut wie umsonst. Und ich ging auf die Leeds Modern School, die natürlich ebenfalls umsonst war, und irgendwann auch an die Universität, zuerst mit einem Stipendium der Stadt Leeds, dann mit einem meines College, also wieder umsonst.

Wären die Annahmen – ich würde nicht so weit gehen, sie eine Philosophie zu nennen –, die das Handeln unserer Regierung und das öffentliche Leben in den letzten fünfzehn Jahren bestimmt haben, richtig, dann würden mir die Bilder hier nicht viel bedeuten, ebenso wenig die Bücher, die ich nebenan gelesen, die Musik, die ich gegenüber gehört, und die Bildung, die ich in Lawnswood genossen habe. Ich musste kein Geld dafür ausgeben, meine Eltern auch nicht, also unterstellt man, dass mir das alles auch nichts wert war. Richtig zu schätzen wissen könnte ich es nur, wenn ich dafür bezahlt hätte. So lautet jedenfalls das neoliberale Argument.

Nichts könnte der Wahrheit ferner liegen.

Was mir in Leeds zuteilwurde, ist mir heute noch genauso viel wert, wie es damals war, und ich bin sicher, den meisten Menschen meiner Generation geht es so.

Aber was will ich eigentlich, höre ich Sie sagen. Die Art Gallery kostet immer noch keinen Eintritt, und auch die Bibliotheken sind noch gratis, obwohl viele Filialen in den Vororten schließen mussten.

Doch sie sind nicht mehr so gratis und frei wie früher einmal, da sie das Geburtsrecht eines jeden Bürgers waren. Ich bin nicht einmal mehr sicher, ob wir überhaupt noch irgendein Geburtsrecht besitzen. Sie sind nur deshalb noch gratis, weil der Regierung bisher keine legale Methode eingefallen ist, sie uns kurzfristiger Profite wegen wegzunehmen und sie einem privaten Anbieter zuzuschustern. Wenn wir, was durchaus wahrscheinlich ist, bald sogar fürs Sterben bezahlen müssen, warum sollten wir dann nicht auch fürs Schauen und Lesen zahlen?

Nehmen wir noch einmal den Jungen, der sich die Skulptur von Barbara Hepworth anschaut. Ich sehe mich selbst vor fünfzig Jahren, und ich weiß, dass der Junge es ohne eigenes Verschulden viel schwerer haben wird als ich damals. Und ich finde, das ist nicht richtig.

KEIN HOCKNEY UNTERM REGENMANTEL

Kunst und Yorkshire

Diese Vorbemerkung habe ich 2014 für eine Ausstellung in der Mercer Gallery in Harrogate geschrieben. Wenn ich über Kunst schreibe, versuche ich meistens, darüber hinwegzutäuschen, wie viele Defizite ich habe und wie wenig ich weiß, so auch hier.

Als ich in Leeds aufwuchs, war Kunst recht dünn gesät. Es herrschte Krieg, und wir unternahmen zwar regelmäßig Schulausflüge ins Kunstmuseum, doch selten, um dort Bilder anzuschauen, von denen allerdings ohnehin die meisten vorübergehend sicher verstaut oder ganz evakuiert waren. Die Sammlung der National Gallery war auf mondäne und öffentlichkeitswirksame Weise von London aus in eine Höhle tief in den Waliser Bergen geschafft worden. In Leeds ging es wie üblich nicht derart mondän zu, unsere Bilder wurden einfach in die Straßenbahn geladen und durch Halton und am Golfplatz vorbei hinauf nach Temple Newsam gefahren.

Wenn wir uns also aus Armley hinunter in die Headrow und zum Museum aufmachten, dann nicht, um uns von der Kunst erbauen zu lassen (was mir im Alter von sechs Jahren auch schwergefallen wäre), sondern um eine Dosis Propaganda zu empfangen: *Graben für den Sieg!*, *Rettet die Ark Royal!*, so forderte eine Reihe von Ausstellungen, zu denen irgendwann auch die Nachbildung eines Kohlebergwerks gehörte. Wenn die Kunst überhaupt gestreift wurde, dann nur in den Bildern, die wir nachher in der Schule anfertigen mussten – begleitet von dem nie eingehaltenen Versprechen, dass die besten womöglich selbst einmal im Museum landen könnten.

Befriedigender war es, was ebenso regelmäßig geschah, mit unserer Großmutter denselben Weg zu nehmen wie zuvor die Gemälde der Stadt, hinauf zum Temple Newsam House, wo einige der kühneren Bilder immer noch zu sehen waren. Nicht dass sie mich sonderlich interessiert hätten. Viel faszinierender war der breitkrempige Filzhut, der während meiner ganzen Kindheit dort ausgestellt wurde und angeblich Oliver Cromwell gehört hatte, wie das Einschussloch in der Spitze beweisen sollte.

Mir ist jedoch bewusst, dass ich mich als Kind, weil es schlicht keine aufregenderen Orte gab, an die man gehen konnte, allmählich an die Gegenwart von Kunst gewöhnte, ohne Kunst – und das war wichtig – unbedingt für etwas Besonderes zu halten. Das blieb so, und als ich älter wurde und meine Hausaufgaben meist in der Stadtbücherei erledigte, verlegte ich meine Pausen oft ins Kunstmuseum nebenan, wo Kunst aus Yorkshire schon ziemlich früh auf mich abfärbte.

Der namhafteste Künstler in diesem Buch ist natürlich Turner, wenn auch nicht der Turner der großen stürmischen Leinwände späterer Jahre. Hier geht es um zartere Gemälde und um Ansichten, die wir heute noch leicht wiedererkennen können. Turners Bilder aus Yorkshire sind unmittelbar zugänglich, weil sie topografisch so genau sind. Da ist Kirkstall Abbey, im Grunde so, wie wir sie heute kennen (wenn auch nicht ganz so schwarz). Da sind Bolton Abbey und das Querschiff der Fountains Abbey, und in dieser Phase von Turners künstlerischer Entwicklung sind sie noch keinem mächtigen meteorologischen Drama oder dem Kampf zwischen Licht und Dunkelheit untergeordnet, das den vorgeblichen Bildgegenstand in eine Ecke der Leinwand drängt und ihn selbst dort mit einem unregelmäßigen Schleier verhüllt. Es sind zwar keine Postkartenmotive, aber doch Ansichten und Panoramen, die Turners Kunden in Farnley und Harewood ohne Weiteres zu würdigen wussten. Sie sind … darf man es sagen? … bodenständig.

Bodenständig, allerdings in anderem Sinne, ist auch Henry Moore, der inzwischen in seiner Heimat – in Riding, muss man vielleicht anfügen – in den höchsten Tönen gelobt wird … obwohl das nicht immer so war. Als im Jahr 1951 beim *Festival of Britain* eine von Moores liegenden Figuren vor der Leeds Art Gallery ausgestellt war, wurde sie regelmäßig beschmiert und war Gegenstand bitterböser Briefe an die Lokalzeitungen. Heutzutage ist kaum zu begreifen, worüber sich die Leute damals

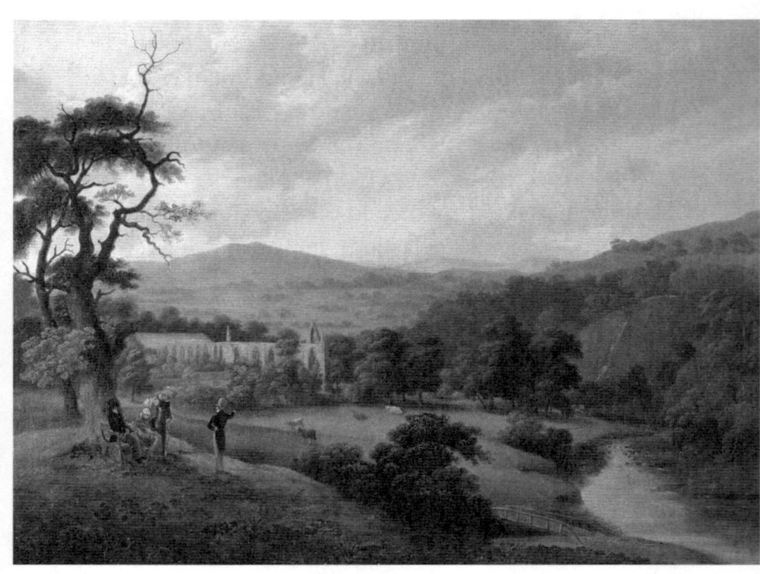

William Turner: Bolton Abbey vom River Wharfe aus (undatiert)

so aufgeregt haben, aber das liegt einfach daran, dass die Öffentlichkeit in ihrem Kunstbegriff zu Moore aufgeschlossen hat, sich zum Teil sogar, wie manche gerne leichtfertig oder geistreich behaupten, weiter als Moore selbst entwickelt hat.

Es heißt, Moores Interesse an Bildhauerei sei geweckt worden, als er in jungen Jahren in die Kirche von Methley gehen musste, wo tatsächlich genug Steinmetzarbeiten zu sehen sind, um die Phantasie eines Jungen während einer langweiligen Predigt anzuregen. Man möchte gern glauben, dass etwas so Gewöhnliches und Heimatliches entscheidend war, aber ich bezweifle immer ein wenig, dass sich die Inspirationsquelle eines Künstlers so genau bestimmen lässt, nicht einmal, wenn die Zuschreibung vom Künstler selbst stammt. Es trifft jedenfalls nicht auf die Literatur zu, wo Figuren, so lebendig sie auch sein mögen, kaum einmal auf einer bestimmten lebenden Person basieren und sich selten so leicht und bereitwillig aus dem Leben in die Kunst zerren lassen, wie die Leser sich das vorstellen. Kunst ist ein Geheimnis, selbst für diejenigen, die sie ausüben, und die Inspiration eines Bildhauers steckt ebenso sehr in seinen Händen wie in seinen Augen.

Ich erinnere mich, wie ich, als wir Ende der vierziger Jahre in Bridlington im Urlaub waren, mit meiner Mutter zum Landsitz Burton Agnes Hall fuhr, den wir beide bezaubernd fanden (»Sieht aus wie in Südengland«, sagte meine Mutter). Weniger bezaubernd waren hingegen die vom Hausherrn Marcus Wickham-Boynton gesammelten post-impressionistischen Gemälde, von denen einige Besucher, darunter auch ich, regelrecht schockiert waren. Die Kommentare waren »kernig«, wie man heute wohl sagen würde, und eine typische Bemerkung ging so: »Das Ding nähme ich nicht geschenkt.«

Ich glaube, auch mit vierzehn war ich so vernünftig, lieber den Mund zu halten, weil ich instinktiv wusste, dass man in Sachen Kunst oft erst nachträglich mitkommt.

Abgesehen davon: Ruhm kommt und geht. Das Talent eines Atkinson Grimshaw steht heute außer Frage, doch selbst in den Fünfzigern galt er noch als alter Hut. Ich mochte seine Gemälde immer, wenn auch nicht aus rein ästhetischen Gründen. Allzu oft bringen seine Bilder uns zurück, was wir verloren haben, und seine Ansicht der Park Row in der Leeds Art Gallery ist eine traurige Erinnerung daran, wie Leeds einmal ausgesehen hat, bevor die Stadtentwickler sich an die Arbeit machten, ebenso wie seine Darstellung der abendlichen Boar Lane. Seine Skizzen der Vorstädte Roundhay und Shadwell wiederum rufen mir die einsamen Spaziergänge meiner Teenagerzeit in Woodhouse und Headingley ins Gedächtnis, die vom Herbstlaub bedeckten Wege verströmen den Duft meiner Jugend. Anfang der Sechziger wurde Grimshaw in den Magazinbeilagen der großen Zeitungen als gute Investition angepriesen, als Künstler, dessen Wert steigen werde. Und so kam es auch, falls man ein derartig ökonomisches Kunstinteresse hat. Doch in seinen besten Werken fängt er Leeds und Harrogate genau so ein, wie ich sie in Erinnerung habe. Nostalgie ist eine ebenso passende Reaktion auf Gemälde wie rein ästhetische Wertschätzung.

Im Zusammenhang mit Bildern ist meine eigene Begeisterung viel zu sehr an den Wunsch gekoppelt, sie zu besitzen. Ich weiß, dass mir ein Gemälde gefällt, wenn ich den Impuls verspüre, es unter meinen Regenmantel zu stecken und damit aus dem Museum zu spazieren. Mir ist klar, dass mich das als ästhetisch unreif abstempelt, und da ich kein russischer Milliardär bin, kann ich mein Verlangen auch nicht befriedigen. Doch selbst wenn ich von den Bildern, die mir gefallen haben, nur die bescheideneren besäße, hätte ich eine erlesene und erfreuliche Sammlung, zu der unter anderem die Bilder der Camden Town Group gehörten, die ich zuerst in der Leeds Art Gallery sah, sowie die John Sell Cotmans aus dem Temple Newsam House und die oben erwähnten Grimshaw-Gemälde von Park Row und Boar Lane. Außerdem wäre der eine oder andere Pompeo Batoni dabei, dessen Werke in so vielen Landsitz-Sammlungen hängen, auch wenn einige davon ziemlich albern sind – und außerdem zu groß für jeden Regenmantel. Darüber hinaus hätte ich gern eine der frühen Zeichnungen von Lucian Freud und Patrick Herons Porträt des Kunsthistorikers Herbert Read, das vor ein paar Jahren in der Ausstellung zu Ehren Reads zu sehen war.

Dieser Wunsch, zu besitzen, ist nicht sehr ehrenhaft, vor allem dann nicht, wenn der Besitz wie so oft vor allem dem Renommee dient; wenn allerdings das Renommieren darauf hinausläuft, dass die Öffentlichkeit die Sammlung zu sehen bekommt, wie es auf so vielen Landsitzen der Fall ist, kann sie womöglich verziehen werden. Der Besitz auch des bescheidensten Gemäldes empfiehlt sich schon allein deshalb, weil es der Schönheit und den Vorzügen des Bildes erlaubt, sich allmählich in unsere Vorlieben einzuschleichen. Das ist auch der Grund, warum man Kunstmuseen immer wieder besuchen sollte: um alte Freundschaften aufzufrischen. Wir kennen viele dieser Bilder, weswegen wir uns nicht zu einer Reaktion, zu einer bestimmten Empfindung zwingen müssen; es ist keine Neuentdeckung, sondern ein Wiedersehen. Hier ist Fountains Abbey, wie Turner sie gesehen hat, und wir erinnern uns noch vom letzten Mal daran, wie er sie gesehen hat. Hier sind Grimshaws herbstliche

Gassen, und im U-Bahn-Tunnel kuscheln sich Moores Schlafende aneinander, während oben die deutschen Bomben fallen.

Ich habe als Kind zu viele kalte, nasse Urlaubstage in Bridlington verbracht, als dass ich dem zweifellos vorhandenen Charme des Ortes und damit David Hockneys jüngster Schaffensphase leicht erliegen könnte. Ich ziehe (weil ich erst einmal dort gewesen bin) seine kalifornischen Bilder vor oder jene, die er in Paris gemalt hat. Die würden unter den Regenmantel wandern. Für seine raumgreifenden Bäume wäre da ohnehin kein Platz.

Das Wetter auf Katharine Holmes' Bildern sagt mir etwas, denn sie wohnt nicht weit entfernt von uns in Craven, und wir haben das gleiche, oft raue Klima der westlichen Pennines, dem sie sich offenbar täglich aussetzt. Simon Palmers Yorkshire ist etwas idyllischer, auch wenn es mir bei ihm nicht idealisierter erscheint als bei Katharine Holmes. Der nördliche Winkel der Grafschaft um Jervaulx, Masham und Coverham herum ist wirklich gesegnet, und mit seinen atmosphärischen Bildtiteln verleiht Palmer ihm ein zusätzliches Geheimnis. Ich kann mich glücklich schätzen, zwei seiner Bilder erworben zu haben, als ich noch nie von ihm gehört hatte. Das war vor dreißig Jahren, in einem Geschäft, das Drucke und Grafiken verkaufte; die beiden Werke in meinem Besitz heißen *Zwischen Weg und Feld* (nicht besonders aufregend) und *Nach einem späten Frühstück* (mit einer geisterhaften Gestalt am Rand, die sich anscheinend aus einem Roman von Barbara Pym hierher verirrt hat). Man könnte beinahe ein dramatisches Stück aus Palmers Welt machen; es wären kleine Szenen … Frauen, die am Waldrand warten, einsame Figuren an Bushaltestellen … doch immer in dieser schwelgerischen Landschaft. Gemalte Gedichte, in denen das

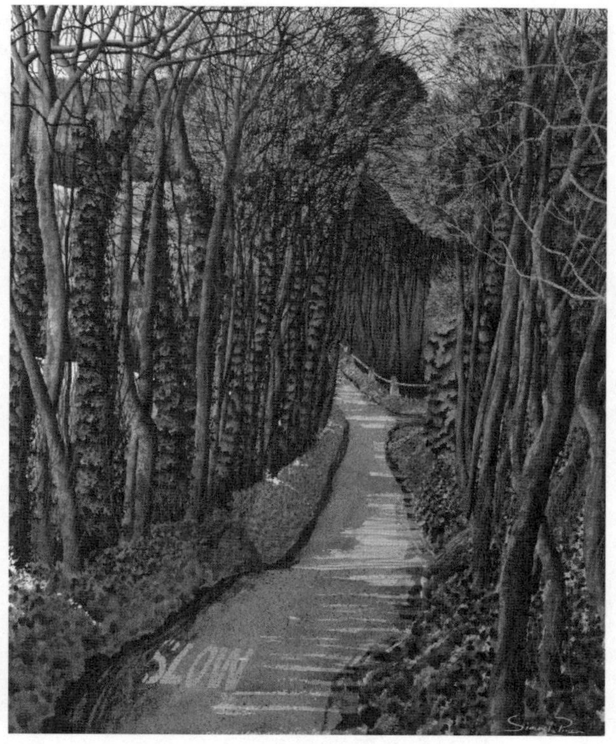

Simon Palmer: Turn Right at the Top (2016)

Leben beinahe zum Stehen kommt und doch weitergeht.

Lieber als karge weiße Räume mag ich bei der Präsentation von Kunst eine häusliche Umgebung, die aber nur wenige Galerien und Museen bieten. Ich mag Gemälde in richtigen Zimmern und sogar hinter einem Blumenstrauß. Kunsthistoriker werden sich über eine solche Vorstellung von Bildern als Möbelstücke beklagen, aber ausgehend davon möchte ich dafür plädieren, Kunst als etwas Selbstverständliches zu betrachten.

Vor nicht allzu langer Zeit habe ich ein Stück namens *People* geschrieben, in dem Dorothy Stacpoole die adelige Besitzerin eines heruntergekommenen Landhauses in Yorkshire ist, das der National Trust und andere Interessenten unbedingt erwerben wollen. Dorothy möchte, dass alles in seinem Zustand erhalten bleibt. Der Vorstellung, dass das Haus, die Bilder und die Möbel herausgeputzt und ausgestellt werden, zieht sie einen gewissen Grad an Verfall und Vernachlässigung vor, an den sie sich schließlich gewöhnt hat. Sicher, es gibt Meisterwerke in dem Haus, das räumt sie ein, aber für die Bilder hat sie nur ein Schulterzucken übrig, weil sie mit ihnen aufgewachsen ist. Es ist Kunst, ja, aber sie möchte nicht, dass man es ihr derart unter die Nase reibt. Sie möchte lieber so weitermachen wie bisher und alles als Selbstverständlichkeit betrachten.

Viele Menschen fanden es schwer, sich mit dieser Sichtweise zu identifizieren, doch ich glaube (obwohl Autoren nicht immer am besten wissen, was sie geschrieben haben), ich wollte hier ein Plädoyer für die Normalität der Kunst einflechten, als Gegenposition zu dem Superstar-Status, den vor allem Gemälde von den großen Auktionshäusern zugeschrieben bekommen. Jeder der Turners in diesem Katalog, zum Beispiel das Bild der Fountains Abbey, lässt sich bei einer Auktion für Hunderttausende Pfund verkaufen, doch für den zufälligen Betrachter ist es nur die vertraute Ansicht eines Ortes, den sie oder er gerne mag. Gut, aber auch gewöhnlich. Ist es ein Meisterwerk? Ich weiß es nicht, und es interessiert mich auch nicht besonders, weil das nur den Blick versperrt. Hier, wo wir diese Gemälde kennen und oft auch die Orte, die sie zeigen, können und sollten wir den ganzen Rest einfach ignorieren. Bilder können Freunde sein.

Bildnachweis

S. 6, 16, 22, 35, 38, 41, 47: The National Gallery, London

S. 13, 30, 36: The National Gallery, London / Bridgeman Images

S. 15: De Agostini Picture Library / Bridgeman Images (Gemäldestandort: National Gallery, London)

S. 53: National Trust Images

S. 56: Walker Art Gallery, Liverpool

S. 61: Estate of Stanley Spencer 2005 (Gemäldestandort: Aberdeen Art Gallery)

S. 68: Rijksmuseum, Amsterdam

S. 93: Tate Britain, London

S. 95: National Gallery of Art, Washington

S. 109, 114, 123: Leeds Museums and Galleries (Leeds Art Gallery) U.K. / Bridgeman Images

S. 112, 118, 119: Leeds Museums and Galleries (Leeds Art Gallery) U.K.

S. 116: VG Bild-Kunst, Bonn (2018)

S. 132: Collection of the Duke of Devonshire, Chatsworth House, U.K. / © Devonshire Collection, Chatsworth / Reproduced by permission of Chatsworth Settlement Trustees / Bridgeman Images

S. 137: Private Sammlung

S. 141: Privatsammlung Alan Bennetts (Selbstportät aus dem Jahr 1955)

Alan Bennetts Texte zur Kunst erscheinen hier erstmals als eigener Band. Die Auswahl wurde von Lena Luczak in Absprache mit dem Autor zusammengestellt.

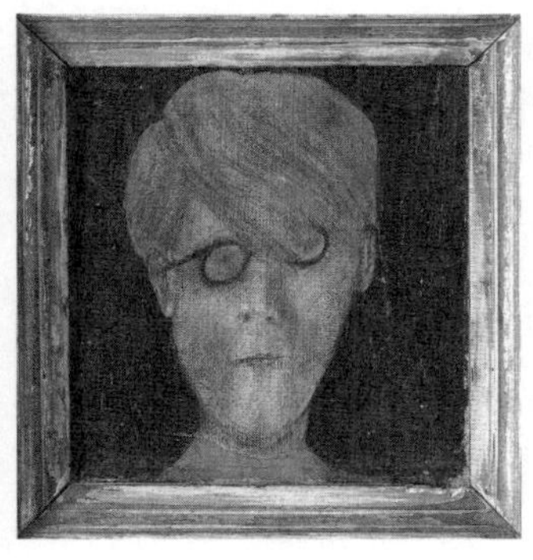

ALAN BENNETT, 1934 in Leeds geboren, wurde bekannt durch seine TV-Comedy-Revue *Beyond the Fringe.* Er ist einer der populärsten britischen Dramatiker. Neben zahlreichen Theaterstücken und seinen Arbeiten für Fernsehen und Rundfunk schreibt Bennett seit Mitte der neunziger Jahre auch Prosa, unter anderem den Erfolgstitel *Die souveräne Leserin.*

ALAN BENNETT BEI WAGENBACH

Die souveräne Leserin

Eine Liebeserklärung an die Queen und an die Literatur: Wer hätte gedacht, dass das zusammenpasst?!

Aus dem Englischen von Ingo Herzke
SVLTO. Rotes Leinen. Fadengeheftet. 120 Seiten

Leben wie andere Leute

Alan Bennett blickt zurück auf das Leben seiner Eltern und eine Kindheit zwischen ebenso verschrobenen wie liebenswerten Verwandten. In seinem Familienporträt erzählt er von den Hoffnungen und Enttäuschungen der Bennetts, von ihrer Sehnsucht, so zu leben wie andere.

Aus dem Englischen von Ingo Herzke
SVLTO. Rotes Leinen. Fadengeheftet und mit vielen Fotos. 168 Seiten

Die Lady im Lieferwagen

Alan Bennett erzählt von Miss Shepherds schrulligen Methoden, das Leben zu meistern, von den Besonderheiten der englischen Straßenbahnen und den trügerischen Lebensweisheiten, die von Büchern verbreitet werden. Verfilmt mit Maggie Smith in der Hauptrolle!

Aus dem Englischen von Ingo Herzke
WAT 621. Broschiert. 96 Seiten

Schweinkram Zwei unziemliche Geschichten

Prüde Briten? Alan Bennett blickt durchs Schlüsselloch und offenbart Erstaunliches über das Privatleben unserer Nachbarn auf der Insel.

Aus dem Englischen von Ingo Herzke
SVLTO. Rotes Leinen. Fadengeheftet. 144 Seiten

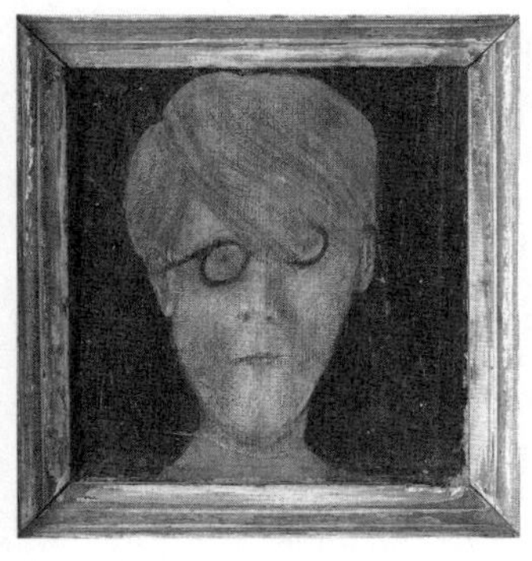

ALAN BENNETT, 1934 in Leeds geboren, wurde bekannt durch seine TV-Comedy-Revue *Beyond the Fringe.* Er ist einer der populärsten britischen Dramatiker. Neben zahlreichen Theaterstücken und seinen Arbeiten für Fernsehen und Rundfunk schreibt Bennett seit Mitte der neunziger Jahre auch Prosa, unter anderem den Erfolgstitel *Die souveräne Leserin.*

ALAN BENNETT BEI WAGENBACH

Die souveräne Leserin

Eine Liebeserklärung an die Queen und an die Literatur: Wer hätte gedacht, dass das zusammenpasst?!

Aus dem Englischen von Ingo Herzke
SVLTO. Rotes Leinen. Fadengeheftet. 120 Seiten

Leben wie andere Leute

Alan Bennett blickt zurück auf das Leben seiner Eltern und eine Kindheit zwischen ebenso verschrobenen wie liebenswerten Verwandten. In seinem Familienporträt erzählt er von den Hoffnungen und Enttäuschungen der Bennetts, von ihrer Sehnsucht, so zu leben wie andere.

Aus dem Englischen von Ingo Herzke
SVLTO. Rotes Leinen. Fadengeheftet und mit vielen Fotos. 168 Seiten

Die Lady im Lieferwagen

Alan Bennett erzählt von Miss Shepherds schrulligen Methoden, das Leben zu meistern, von den Besonderheiten der englischen Straßenbahnen und den trügerischen Lebensweisheiten, die von Büchern verbreitet werden. Verfilmt mit Maggie Smith in der Hauptrolle!

Aus dem Englischen von Ingo Herzke
WAT 621. Broschiert. 96 Seiten

Schweinkram Zwei unziemliche Geschichten

Prüde Briten? Alan Bennett blickt durchs Schlüsselloch und offenbart Erstaunliches über das Privatleben unserer Nachbarn auf der Insel.

Aus dem Englischen von Ingo Herzke
SVLTO. Rotes Leinen. Fadengeheftet. 144 Seiten

Miss Fozzard findet ihre Füße

Der alltägliche Kampf um den besten Platz in der Kantine, Tragödien hinter Ligusterhecken und Intrigen in der Auslegewaren-Abteilung: Bennetts britische Helden sind uns näher, als wir denken.

Aus dem Englischen von Ingo Herzke
SVLTO. Rotes Leinen. Fadengeheftet. 144 Seiten

Ein Kräcker unterm Kanapee

Muttersöhnchen und Stubenhocker in den Wechseljahren, frustrierte Ehefrauen und Softpornodarstellerinnen, übereifrige Briefeschreiberinnen und trauernde Witwen – Bennett schöpft aus dem Vollen. Die spinnen, die Briten …

Aus dem Englischen von Ingo Herzke
SVLTO. Rotes Leinen. Fadengeheftet. 144 Seiten

Così fan tutte Eine Geschichte

Mit allen Finessen der Ironie erzählt Bennett die Geschichte eines englischen Middleclass-Ehepaars, das vom Opernbesuch nach Hause kommt und seine Wohnung vollkommen leer vorfindet. Mit dem Verlust der gediegenen Einrichtung beginnt für sie ein neues, weniger weich gepolstertes Leben.

Aus dem Englischen von Brigitte Heinrich
SVLTO. Rotes Leinen. Fadengeheftet. 120 Seiten

Alan Bennett geht ins Museum erschien im Herbst 2017 als 227. *SVLTO.*

3. Auflage 2018

Verlag Klaus Wagenbach, Emser Straße 40/41, 10719 Berlin www.wagenbach.de
Umschlaggestaltung Julie August unter Verwendung einer Fotografie © Eve Arnold / Magnum Photos / Agentur Focus. Gesetzt aus der Franklin Antiqua. Vorsatzpapier von peyer graphic, Leonberg und Leinen von Gebr. Schabert, Strullendorf. Gedruckt auf säurefreiem Papier (Schleipen) und gebunden bei der Druckerei Kösel, Krugzell.
Printed in Germany

ISBN 978 3 8031 1326 9

9 783803 113269